江戸商人・勘助と学ぶ

一番やさしい儲けと会計の基本

公認会計士
眞山徳人
Norihito Mayama

日本実業出版社

はじめに

本書を手に取っていただき、ありがとうございます。

今、この本を開いてくださっているあなたは、おそらく「会計」というものに興味をおもちのはず。そんなあなたに、簡単な質問をさせてください。

「会計は、誰のためにあると思いますか？」

たとえば、この質問を上場企業の経理部門の人に投げかけたら、「会計は投資家のためにあるものなんですよ」と答えると思います。上場していない中堅企業の経理マンなら、「銀行のために決まってるじゃないか」、そして、事業を営んでいて、自分で記帳をしている社長さんは、さしずめ「そりゃあ、税務署のためだろう」と答えることでしょう。いずれも正解です。

会計にはいろいろな目的がありますが、なにより大きな目的は「実態開示」。わかりやすく言い換えれば、「会社の業績を見える化すること」です。

会社がどれぐらいの売上を上げ、どれぐらいの儲けを残したか（経営成績）や、会社が今、どのような資産や負債を残しているのか（財政状態）などをありのまま示すことで、投資家、銀行、税務署といった社外の人たちがそれを活用できるのです。

このほかにも、たとえばこれから就職、転職しようとしている人であれば、さまざまな会社の業績を比較することで、活動の指針にすることができます。

社外の人だけでなく、社内のいろいろな立場の人にとっても、会計は役に立ちます。経営者や経理担当者はもちろんですが、たとえば営業マンの場合、商品の原価を把握しておくことで、価格交渉に役立てることができます。購買担当者であれば、商品をより安く、より早く手に入れるための戦略を立てることができるようになります。マーケティング担当者なら、新たな商品の販売戦略を立てるために、会計の知識をフル活用することが必要です。

会社で働いている人の役目は、突きつめていけば「会社の儲けに貢献すること」です。この役目を果たすためには会計の知識が必要ですから、「会計の知識は、会社が儲けるために必要なのだ」と言うことができます。

しかし、会計に対する苦手意識をもっている人は決して少なくありません。その理由は2つあると、筆者は考えています。

第一に、実際のビジネスを想像できない環境で会計を学ぶため、会計は「役に立つ・面白い」ものではなく、「つまらない」ものと考えてしまう。

第二に、簿記や税務などの細かいルールから学び始めようとするため、会計が「誰にでも使える・身近な」ものではなく、「こむずかしい」ものだと考えてしまう。

そのような問題を解決するため、本書は江戸時代を舞台に、呉服屋の見習いが厳しい商売の世界で成長しながら、会計のエッセンスと商売や儲けのしくみを身につけていくというストーリー形式をとっています。

本書では「ゑびす」という呉服屋が登場します。反物《たんもの》を仕入れて、仕立てて、売る。単純で想像しやすいビジネスモデルと会計とを照らし合わせることで、ビジネスにおいて会計がどのように役に立つのかをすんなりと理解できるようになります。

さらには、会計の世界に存在する複雑なルールに触れずに、会計の基本的なところを効果的に学ぶことができるようにも配慮しています。江戸時代には現在のような複雑な会計のルールは存在していませんでしたが、三井家をはじめとした江戸時代の豪商たちは、独自の帳簿体系のなかで会計の手順をふんでいました。

ルールがないのに、なぜあえてそんなことをしていたのか――。理由は単純で、

「儲けるために必要だから」です。彼らのような豪商たちが破竹の勢いで力をつけ、現代においてもなお、大企業としてその名を残しているのは、会計のしくみがあったから……、そう言っても、決して過言ではないでしょう。

みなさんが本書を読み終えたとき、会計は「つまらない」「こむずかしい」ものではなく、「役に立つ・面白い」、そして「誰にでも使える・身近な」ものなのだと少しでも感じていただけたなら、筆者としてこのうえなくうれしく思います。

最後になりましたが、本書ができるまでの間ご尽力いただいた、日本実業出版社の編集部のみなさんに御礼を申し上げます。私にとって初の著作となった本書は、みなさんのご協力なくしては、到底、完成しなかったものと思っております。

また、私が公認会計士を志したその日から、師としてたくさんのアドバイスをくださった、公認会計士の平林亮子先生にも、御礼を申し上げたいと思います。

最後に、本書ができ上がる今日まで私を支えてくださった、私の周りのすべての方に、心から御礼を申し上げます。どうもありがとうございました。

2014年3月

眞山徳人

本書を推薦します！

本書は私が待ちに待った、公認会計士・眞山徳人のデビュー作。会計と商売（ビジネス）の基本的な内容を、江戸の商人（見習い）である勘助のストーリーに乗せて解説したビジネス小説です。

最近はやりのストーリー形式で、歴史的要素が入っていること以外、目新しさはないようにも感じますが、実はとても奥が深い。ビジネスのキモや哲学が、会計という道具を利用して巧みに語られています。

たとえば「値決め」。商品やサービスをいったいいくらで売るのかを決めることですが、言うまでもなく、売れる金額で、かつ、儲けが出なくてはなりません。日々、実践されている方はおわかりかと思いますが、値決めって本当にむずかしいんですよね。まさに、ビジネスにおける最重要課題の1つと言えるでしょう。

これについて本書では、会計の面から数字をどう整理したらいいかのみならず、マーケティングの面からも触れられています。ほかにも、「人件費は従業員に対する愛情の表われ」といった、著者の哲学も盛り込まれています。

会計は、最終的には決算書としてビジネスの結果を集計するための道具ですが、だからこそ、その結果には、「どういう考えでビジネスをしているか」が表われます。企業は、適切に利益を分配するシステムであり、それを実践するのが経営者である、という著者の哲学が本書からにじみ出ているように感じるのです。

一方で、仕事に本当に役立つ会計の解説に終始し、内容を絞りに絞っています。著者が伝えたいのは、会計法規集に書いてある制度の話ではないからです。細かなルールではなく、コストとはなにか、利益とはなにかという考え方がビジネスの現場で重要になるからです。たとえば、コストを削減するためには、「そもそもコストとはどう集計されるのか」という発想が役立つのであり、それこそが、会計の知識をビジネスに活かすということなのです。

こうした知識が主人公の勘助や商売の仙人様・ミキトと一緒に、江戸商人の世界を楽しんでいるうちに、自然と身についてしまうのが本書のすごいところ！　手に取って読んでくださったみなさまのお役に立つことを確信しております。

公認会計士　平林亮子

目次

江戸商人・勘助と学ぶ　一番やさしい儲けと会計の基本

第1章 勘助は「儲けのしくみ」を理解した

第2章　勘助は「買い付け業務」に挑戦した

第3章　勘助は「売掛金の回収」を始めた

第4章

勘助は「原価のしくみ」を知った

第5章

勘助は新たな「販売戦略」を立てた

※本書はフィクションであり、実在の人物・団体・出来事とは一切関係がありません
※本書の内容のうち、意見に関する部分は筆者の私見にもとづくものです

カバーデザイン◎井上新八
カバー・本文イラスト◎根津あやぼ
本文デザイン・ＤＴＰ◎ムーブ（新田由起子）

第1章

勘助は「儲けのしくみ」を理解した

勘助の失敗

ときは現代からさかのぼること約三百年。

澄みきった江戸の空に、今日も夕日が落ちようとしている。

江戸時代の夜は早い。夕暮れどきの江戸の街はそんな夜を迎えるべく、静かに静かに、暮れていく。

勘助はその静かな街並みの雰囲気とは裏腹に、通りを必死に走っていた。

おそらく足がもつれて転んだのだろう、汗だくの彼の顔には土ぼこりがべったりと貼りついている。しかしそれを気にも留めないまま走り続け、呉服屋「ゑびす」の暖《の》簾《れん》をくぐった。

「だ、旦那様……！」

草履《ぞうり》を脱ぎながら、店の奥に向かって大声を張り上げる勘助。ほどなくして、男がふすまをカラリと開き、勘助の顔を見て目を丸くした。

「お前……、風呂屋に行ってきたのではなかったのか？　なんだその顔は？」

男の質問が耳に入っていないのか、勘助はその問いに答える代わりに、切れ切れの息の合間を縫うように、こう尋ねた。

「旦那様、今日の反物《たんもの》、原価はいくらだったんでしょうか⁉」

男を見上げるその少年の目は、キラキラと輝いている。男は思わず「ふっ」と笑って、「原価……。今さらながら、気づいたか」と言い、懐から小銭を5文、勘助に手渡した。

「もう一度風呂に入ってこい……、話はそのあとだ」

勘助、初の外回りへ

今日二度目の風呂屋に向かう勘助。なぜこんな事態になったのか。ことの発端は、その日の朝のことだった。

「……勘助、そろそろ外回りをやってみないかね」

朝の掃除をしている勘助を部屋に呼び出してそう切り出したのは、江戸の街で呉服屋「ゑびす」をかまえる三友高光《みつともたかみつ》である。

三友家はもともと松坂で呉服屋を営む商家であり、高光は分家筋の主である。一方の勘助は本家の四代目であり、現場の商いの厳しさを身をもって学ぶために、分家が経営するこの「ゑびす」に、丁稚奉公《でっちぼうこう》に出されていたのだった。その勘助が外回りを頼まれたということは、ついに本格的に商人の仲間入りが許されたことになる。

「いいか勘助、外を回るようになるということは、いよいよお客様と直に顔を合わせるということじゃ。くれぐれも、粗相のないようにな」

なんといっても勘助はまだ16歳と若い。礼儀や作法はひと通り身につけさせたつもりだし、本人も一丁前に「心得ております！」と返事をしているが、高光から見ればまだまだぎこちない部分はある。

勘助は初めての外回りがよほどうれしいのか、ずっとそわそわして落ち着かない。

「それで、反物は蔵から持っていけばいいですか？」

「いや、今日は店内のたんすにしまってあるものを持ってゆけ。新しい柄のほうが、奥様の好みに合うだろうからな」

高光がそこまで言うと、勘助は「はい！」と言っていそいそとたんすを開け、2～3反の反物を風呂敷に包んだかと思うと、高光には一瞥《いちべつ》もくれず、「では、早速、行ってまいります！」と、通り へと駆け出して行ってしまった。

「おい、待たんか！　まだ話は終わっとらん！」

高光はあわてて店を出たが、もう勘助ははるか彼方に行ってしまっていた。

「……まったく、あのおっちょこちょいめが」

そう、おっちょこちょい。それこそが、勘助の最大の欠点なのだった。

「原価も売値も聞かずに行ってしまうとはな……」

勘助の後ろ姿を見ながら、高光はため息をつく。そして、「まぁ、心配あるまい……。初めての外回りでいきなり売れるはずもないし、戻ったらしつけよう」

そんなふうに自分を納得させた。

反物が売れた！

しかし、思いもかけないことが起こった。

「旦那様！　お喜びください！　早速、反物を一反、売ってきました！」

「……なんと、まことか？」

驚いた高光の顔を満足げに見届けると、勘助は背負っている風呂敷を解いて、売約済みの反物を高光に示した。

「このエンジ色の反物です」

「……勘助、それをいくらで売ってきたのじゃ？」

「すごいんです。2分《ぶ》も出してくださるとおっしゃいました！」

やはり……、高光は心のなかで舌打ちをした。同時に、今朝のことを強く後悔した。無理やりにでも勘助を呼び止めるべきであった……。

「旦那様、早速この反物を仕立てに出してもよろしいですか？」

得意げにそう言った勘助に、高光の雷が落ちた。

「この大バカ者！　あれほどの反物をたった2分で売るやつがあるか！」

勘助は、それこそ雷に打たれたかのように、身体をブルッと震わせた。商談を成立させてきた自分は、ほめられこそすれ、叱られるはずなどない。勘助はそう信じていたのである。

「あの……、旦那様……」

理由を聞こうとする勘助だったが、高光の怒りはしずまることはなく、「もういい！　さっさと店じまいの支度をしろっ！」

そう言うと、高光は自室に入ってふすまをピシャリ！　と閉めてしまった。

留さん・ミキトとの出会い

「はぁ……」

意気消沈したまま店じまいを始めた勘助は、竹ぼうきで店先を掃きながら、何度も何度もため息をついていた。

いったい、なにがいけなかったのだろうか。勘助は掃除をしながら、必死に考えていた。しかし、考えても答えが出てくる気はしない。かといって、旦那様は答えを教えてくれない……。どうしたらよいのだろう。

途方にくれながら、ぼんやりと掃除を続けていると、「おおい、勘助」と道の向こう側から威勢のいい声がした。

声をかけてきたのは、裏の長屋に住むとび職の留さんである。勘助の掃除とほぼ同じ時刻に、この「呉服屋『ゑびす』」の前を通り過ぎるのだった。

勘助と同じような下積み時代を経験してきた留さんにとって、16歳の勘助は弟のようにかわいいらしく、毎日のように勘助に声をかけてくれる。

「どうした？　なんだかずいぶん疲れてるようじゃねぇか」

「実は、今日から外回りの仕事をしたのですが、失敗してしまって……」

そう答えたとき、勘助は自分の涙腺から涙がこみ上げてくるのを感じ、グッとそれをこらえた。それは旦那様に叱られてしまったショックと、答えがみつけられないことへの不安が入り混じった涙だった。


優しい留さんはその涙に気づかぬふりをして、つとめて元気な声を出した。

「おっ、そうだお前さん、これから一緒に風呂屋にでも行かねぇかい？」

「お風呂屋、ですか？」

涙でぬれた声で聞く勘助に、留さんは「おうよ」と答えた。

「よく見りゃ、慣れない外回りでずいぶんと汚れているみたいだしなぁ、気晴らしも兼ねて、一緒に行こうや」

言われるまで気づかなかったが、勘助の着物は土ぼこりでずいぶんと汚れている。

現代のようなアスファルトではなく、土の道しかない江戸の街では、無理もないことである。

商売の仙人様・ミキト

江戸時代では長屋の住民はもちろんのこと、「ゑびす」を営む三友家のような大きな家でも、風呂の設備は持っていないことがほとんどである。江戸の街では失火をしてしまうと重罪になるからだ。したがって、誰もが身を清めるために風呂屋を利用する。

風呂に入るときの料金は5文。だいたい8、０００文（32万円）で約1両（32万円）だから、5文は現代では２００円くらいの感覚である。

ついでだから、ここで江戸の街の貨幣について整理しておこう。

江戸では2種類の貨幣が出回っている。「金貨」と「銭貨」である。金貨は「両」「分」「朱」の3種類、「銭貨」は「文《もん》」の1種類である。具体的な換算の仕方は次ページの図を参照されたい。

ちなみに、勘助の月収は2朱（4万円）。一見少ないようだが、住むところと食事が保証されているので、こうやって風呂屋にくるのに不都合はない。

江戸の貨幣

1両（約３２万円）＝４分＝16朱

1両＝８,０００文

1分（約８万円）＝２,０００文

1朱（約２万円）＝５００文

1文＝およそ40円

※日本銀行金融研究所貨幣博物館、国立歴史民俗博物館の資料等をもとに、江戸時代後期の物価を想定して筆者が設定

しばらく湯に浸かっているうちに、勘助は身体にこびりついていた疲れが少しずつ抜けていくのを感じた。江戸っ子が好む熱い湯も、慣れるとなかなか心地よいものだ。

「勘助、風呂から上がったらな、面白ぇ男に会わせてやるよ」

湯船のなかで、留さんはそう耳打ちした。

「面白い男？　なんていう人ですか？」

「そうだなぁ……、いってみれば、**商売の仙人様**、ってところかな」

「商売の、仙人様？」

「あぁ、どうだい？　会ってみたいだろう？」

仙人様、か……。勘助はあまりつくり話の類は好きではなかったが、その人ならどうして旦那様があんなに怒ったのか、わかるかもしれないと思った。

「はい、会ってみたいです」

留さんは勘助が答えると、

「よしきた。仙人様はたぶん2階にいるからよ、早速行こうぜ……。ほらほら、早く上がんな」

せっかちな留さんに急かされて、勘助は湯船を出た。

身体を拭いて2階に上がると、畳敷きの大広間がある。そこでは浴衣を着流したり、ふんどし1丁のままの男たちが畳の上に座って、リラックスした様子で談笑したり、寝転がったりしている。

「えーと、仙人様は……。あ、いたいた。あの人だよ。どういうわけだか、この風呂屋にきては、一日中ああして話をしているらしいんだ」

留さんはそう言って広間の片隅をあごで指した。畳の上にあぐらをかいている集団のなかで、１人だけ髪を結い上げず、ざんばら髪にしている男がいた。緑色の浴衣を着流している。留さんの言うとおり、仙人にしてはずいぶんと若い。

留さんが手を上げると、男は笑顔で答えた。

「あぁ留さん、お疲れさまです。仕事は上々ですか？」

「あぁ、ぼちぼちってとこだ。……あ、そうそう。こいつ、勘助っていうんだよ。『ゑびす』っていう呉服屋で修業中の身でさぁ」

留さんは勘助を紹介してくれた。仙人様は「ゑびす」という名を聞いて、一瞬目をぱちくりさせてから、「あぁ、あのゑびす！」と言った。

「あそこの呉服屋さんの丁稚さんですか……、初めまして。みなさんには仙人様と呼ばれていますが、名前はミキトといいます。よろしく」

仙人様、あらためミキトの丁重な挨拶に合わせるように、勘助も頭を下げた。

「勘助です。よろしくお願いします……」

挨拶を終えると、ミキトは、

「留さんが私に紹介したということは、なにかお悩みを抱えているんですね？」

さすが仙人様と呼ばれるだけあって、勘の鋭いところをみせた。

「そうなんだよ……。まぁ聞いてやってくれや、おい、勘助」

留さんに促されて、勘助は今日一日の商いの話をした。

ミキトからのアドバイス

勘助が訪ねたのは、とある武家屋敷であった。豪壮な屋敷に住んでいる奥様に、女性向けの反物を3反紹介したところ、エンジ色の反物をひどく気に入ってくれたので、勘助はうれしくなり、「じゃあぜひお買い上げください！」と、子供らしいまっすぐな頼み方をした。

奥様はそれを聞いて、上品な声で笑って、こう訊いたのである。

「おほほほほ、かまわないけど……、おいくらかしら？」

勘助は「いける」と思ったが、困ったことになった。そういえば、勘助はこの反物をいくらで売ればいいか、指示を受けていなかった……。いや正しくは、最後まで聞かずに店を出てきてしまったのである。

どうしたものかと思案した挙句、できるだけ高く売ったほうがいいだろうと思い、

「そうですね、2分（16万円）でどうでしょう？」と、16歳の勘助にとっては破格の高値を言った。すると、奥様は喜色満面《きしょく》で「まぁ、2分ですって！　うれしいわ！」と、胸の前で手をパチパチと叩いた。そのあまりにうれしそうな顔に、思わず勘助の顔もほころんだ。

「じゃあ、お願いしますわ」

こうしてめでたく商談成立となった、というわけである。

反物の原価

勘助の話を時折相づちを打ちながら聞いていたミキトは、静かに口を開いた。

「うーん……、勘助さん。どうやらとても基本的なことを、ご存じないようですね」

「基本的なこと？」

「そうです」

ミキトは懐紙《かいし》を出しながら、「勘助さん、あなたはその**反物の原価**を知っていましたか？」と言った。

「原価？」

「えぇ、その反物は、どこかの問屋さんから仕入れてきて、それを仕立てて売るものですよね？　いくらで仕入れたものか、ご存知でしたか？」

勘助は口をあんぐりさせた。……そういえば、あの反物はいったいいくらくらいの値打ちがあるんだろうか？　そして、隣にいた留さんも、口をあんぐりさせている。

「おい勘助、原価も聞かねぇで売りに行ったのかい？　そりゃいくらなんでも……」

江戸っ子らしく歯に衣《きぬ》着せない言い方で勘助の失敗を責めようとする留さんを、ミキトが制した。

「まぁまぁ、過ぎたことはもういいじゃないですか。……勘助さん、いい機会ですから、覚えて帰ってくださいね」

そう言うと、ミキトは先ほど出した懐紙にサラサラとこう書いた。

原価＞売値……損が出てしまう
原価＜売値……儲けを出せる

「商売というのは、原価よりも高く売ることで初めて儲かるんです」

ミキトのその言葉を聞いて、勘助は思わず「そ、それくらいは知っていますよ！」と口答えしたが、ミキトはあくまで穏やかな表情のまま、

「そうですか……。だとしたらやはり留さんの言うとおり、旦那様に原価を聞いておくべきでしたね」

そう言われると、とうとう返す言葉がなかった。

勘助は今朝の出来事を思い出し、早合点をして高光の注意を聞かずに外回りへと飛び出してしまったことを、今さらながら悔いた。そして、

「僕……、帰ります」

勘助はすくっと立ち上がって、突然そう言ったのである。

「えっ？　もうそんな時間か？」

「いえ……、でもすぐに原価を聞かなくちゃ」

「おいおい、別にそれは明日でもいいじゃねえか。ゆっくりしていけよ」

留さんがそう言うのも聞かず、勘助は階段を駆け降り、あっという間に街中へと走り出して行ってしまった。

値入率と売値の関係

そして、勘助は汗みずくになって、ついでに道で転んで湯上がりの顔を砂まみれにしながら「ゑびす」に戻り、高光にこう尋ねたのだった。

「旦那様、今日の反物、原価はいくらだったんでしょうか!?」

勘助が高光から受け取った5文で再度風呂に入り、戻ってくると、高光は自室に勘助を呼んだ。

「お前が売った反物は上等なものでな、仕立て賃を入れて一反で3分2朱（28万円）だ」

3分2朱という数字を聞き、勘助は「えっ」と驚いた。

「2分（16万円）などではとても、もとが取れない。お前はわざわざ、1分2朱（12万円）の損を出すために働いてしまった。1分2朱の損……、どれだけ大きいか

わかるな？」

「はい……、わかります」

1分2朱というと、勘助の給料3か月分に相当する。そのとき勘助は、ようやくことの重大さに気づいた。一日の仕事で、3か月分の給料が吹き飛んでしまった。自分はなんと大きな失敗をやらかしたのだろう。

「本来は1両（32万円）いただいてもおかしくないようなぜいたく品だが、初めてのことだから、今回の損失は目をつぶることにする。明日からは値段を確かめたうえで、外に回るように」

「はい、申し訳ありませんでした」

勘助は高光の温情に感謝しながら、深々と頭を下げた。

値入率とは

次の日、勘助は持ち運ぶ反物をまとめると、高光に売値を尋ねた。

「旦那様、本日はこれら3反の反物を選びましたが、いかがでしょう」

「うむ、原価を調べよう。すまんが帳場まで来てくれるか」

高光は勘助を連れて、店内の中心にすえられた帳場に座布団を並べた。

「そのモエギ色の反物は、仕入値と仕立賃合わせて1分1朱（10万円）だな」

「とすると、売値はどうしましょうか？」

勘助が尋ねると、高光はそろばんを取り出し、**「値入《ねいれ》率4割が、『ゑびす』の商いの基本じゃ」**と言いながら、パチパチとそろばんをはじき、「すなわち、この反物の場合、1分3朱（14万円）で売ってきてほしいのだ」と言った。

値入率とは、原価にどれだけの利益を乗せるかを示す割合である。１００円で仕入れたものを値入率40％で売るのであれば、１４０円が売価となる。
似たような概念に**「利益率」「原価率」**といった言葉があるが、それらの定義は左ページの図を参照されたい。

「同様に……、群青《ぐんじょう》の反物は2分1朱（18万円）、その矢絣《やがすり》模様は等級が落ちるので、1分（8万円）といったところだな」

高光はそろばんをはじき終わると筆でサラサラと値段を書いて、勘助に手渡した。

その日、勘助は言われたとおりの値段で、初めての商談を成立させた。

値入率、利益率、原価率とは

【値入率40%】

原価に40%の利益を上乗せしている。

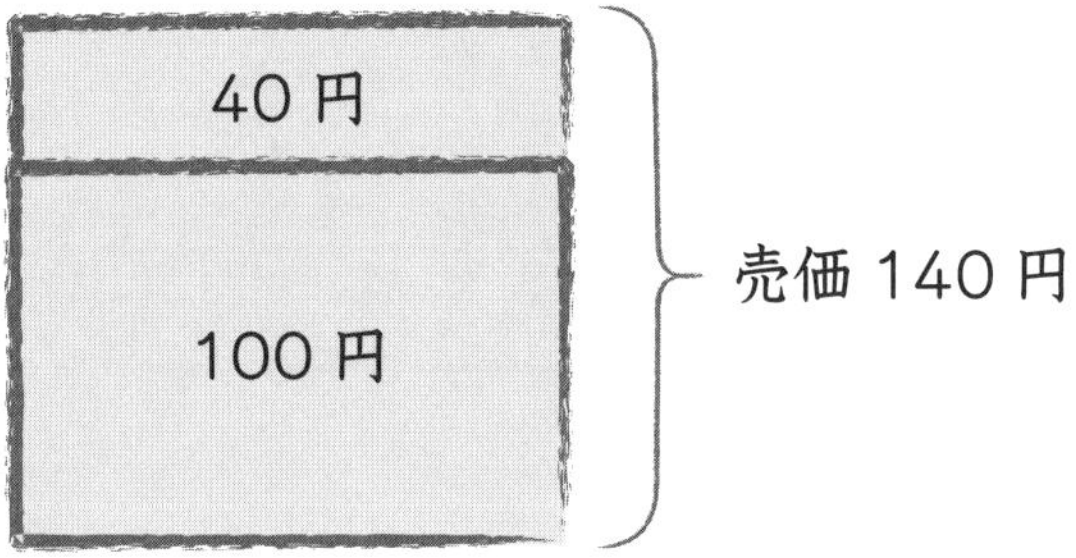

【利益率40%（原価率60%）】

売価のうち、40%が利益で、残りの60%が原価。

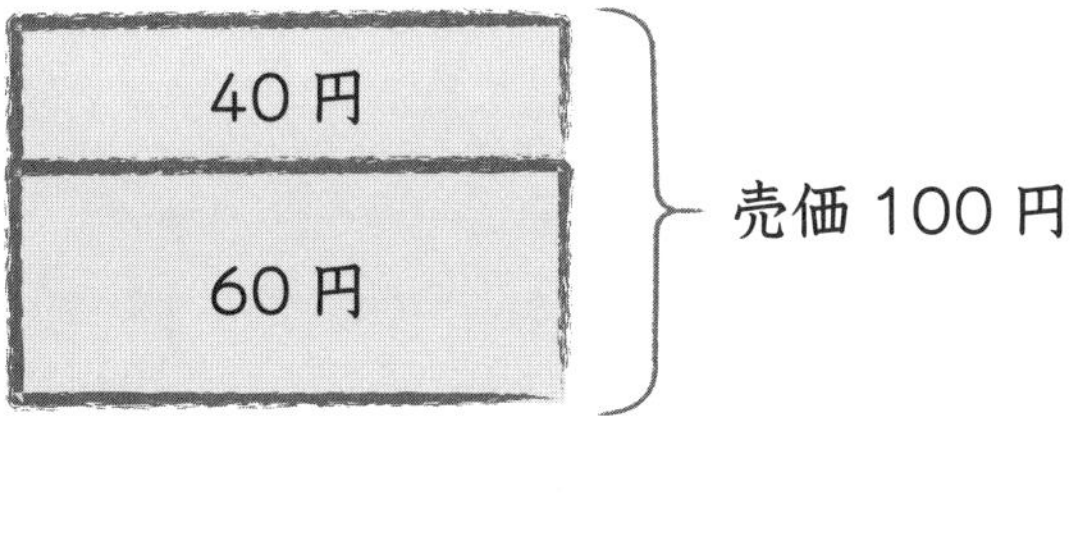

売上ノルマ

その後、勘助は値入率4割という目安を維持しながら、着実に売上を立てられるようになりつつあった。

ミキトとの出会いから2か月ほどたったある日、高光は勘助を部屋に呼び出した。部屋のなかで高光は左手で大福帳をめくりながら、右手でそろばんをはじいている。器用なものだなぁと思いながら勘助が正面に座ると、高光はその手を止めて、

「今、私のほうではじいてみたのだが、どうやら勘助の売上は3両（96万円）と少々のようだ」

高光から3両という数字を聞かされ、思わず勘助は「へぇ、そんなに？」と驚いてしまった。しかし高光はそんな勘助をチラリと見やって、「なにを申すか……、3両ではちと物足りん。5両（160万円）ほど稼げるようになってもらわないとな」

「えっ、5両？」

大福帳

なんでそんなに？　というのが勘助の正直な気持ちである。なにしろ、月に5両を売り上げたとしても、勘助の給料は2朱。売上に対して40分の1しか受け取れない計算になる。

「なんじゃ、問題でもあるのか？」

高光が怪訝《けげん》そうに尋ねるのを見て、勘助は思いきって訊いてみた。

「あの、なぜ5両でないといけないのでしょうか？」

高光はジロリと勘助を見やる。しどろもどろになりながら、勘助は「いえ、あの……、不満というわけではないのです。理由を知りたいだけでして……」と言うと、高光は腕組みをして「うーむ」とうなった。

「まぁ……、理由はいくつかあるのだが、1つだけ教えておこう。お前に一人前になってほしいからだ。この店で外回りをしている者は私と勘助のほかに4名いる。4名はみな、月に5両という売上をしっかりと守っておる。お前もそれくらいはこなせるようにならないとな」

「みなさん、そんなに売り上げているんですね……」

今まで自分の外回りをこなすことのみ意識していた勘助だが、使用人たちがそこまでがんばっているということを初めて知り、「負けられないな」と思った。

その日は留さんと風呂屋に行って、勘助は売上の「ノルマ」のことを打ち明けた。

「へぇ、月に5両！　とんでもねぇ額だな」

留さんは、本当に目玉が飛び出てしまうのではないかというほど、大げさに驚いた。

「そうなんです。どうしたらいいでしょうかね？」

「うーん、やっぱりそういうことは仙人様に聞くのが一番じゃないか？」

留さんはそう言いながら、湯船のお湯でジャブジャブと顔を洗った。

「そのことなんですけど、仙人様ってどこに住んでいるんですか？」

勘助は、いっそのこと、ミキトの家におしかけてでもいろいろと教えてもらいたいと思っている。

「えっ？　そういやぁ、どこに住んでるんだろうなぁ……」

留さんの返事は思いのほかつれない。勘助はじれったくなって、

「留さん、気にならないんですか？」

と訊くと、留さんは「なぁ、勘助」と言いながら顔をゴシゴシこすって、

「ここは江戸の街なんだぜ？　いろんな人間がいて当たり前なんだよ……。さ、2階を探してみようや。今日あたりいるかもしれねぇぜ？」

と、湯船を出て行った。勘助は、釈然としないまま、ついて行った。

ノルマが5両の理由

「あぁ、勘助さん。しばらくお会いしないうちに、大人っぽくなりましたね」

留さんの予想どおり、ミキトは以前と同じ場所に座っていた。ミキトは、ニッコリと微笑んで勘助を迎え入れた。

「さて、今日はどんなご相談ですか?」

勘助はミキトに促されて、悩みを打ち明けた。

「ふむ……。月に5両という目標は高すぎはしないか、ということですね?」

「そうです、だって5両のうち、僕に入るのは2朱だけなんですよ?」

勘助の言葉を聞いて、ミキトは懐から懐紙を取り出した。

「勘助さん、今日はこれから書く図を、頭に入れて帰ってくださいね」

そう言うと、ミキトはサラサラとなにかを書いていく。

「これは**損益計算書**、というものです。初めてご覧になるでしょうが、とても役に

損益計算書のしくみ

売上高（＝売値の合計）

売上原価（＝仕入値＋仕立賃の合計）

売上総利益（＝粗利の合計）　→　反物を売って直接得られる利益

販売費及び一般管理費

人件費

家賃

減価償却費

雑費

→　お店を維持するために必要な費用

営業利益　→　手元に残る利益

立つものなんですよ」

そう前置きして、ミキトはこの図の読み方を教えてくれた。

「『**売上高**』と『**売上原価**』はわかりますね？　反物の売値を合計したものが売上高で、売上原価は仕入値と仕立賃を合計したものです」

「ってことは、この『**売上総利益**』ってのは、**粗利**の合計ってことだな」

「そうですね。売上原価を上回る売値をつけていれば、反物を売った分だけ粗利が増えていきます」


ミキトはそこまで話すと、ちらりと勘助を見た。

「そして、この粗利を十分に稼ぎ出すことができないと、ここに書いてある『**販売費及び一般管理費**』の分をまかなうことができないんです。『ゑびす』でかかっている費用は、仕入値と仕立賃だけではありませんよね？　たとえば、勘助さんやほかの使用人に支払うお給料と朝昼晩の三度の食事といった『**人件費**』がかかります」

「なるほど……、そのことを考えていませんでした」

勘助が納得したのを見計らって、ミキトは続ける。

「それだけではありません。『ゑびす』のお店、あの建物にも費用がかかりますよね」

「ちょっと待った。『ゑびす』は店持ちのはずだぜ？　家賃はかからないだろう」

留さんが口を挟むと、ミキトは「えぇ」と相づちを打って、「『ゑびす』の場合は『家賃』はゼロになります。その代わり、この**『減価償却費《げんかしょうきゃくひ》』**（次ページ参照）というものを考えなければいけません」

「なんだい、そんな言葉聞いたこともねぇや」

「『ゑびす』は借家ではなくて持ち家で店をやっているから家賃はかからないのは確かです。でも、建てるときにはお金がたくさん必要になりますよね？」

「うん、そりゃそうだな」

「建物は長い間使うものですから、建てたときにかかったお金をその時点ですべて費用にしてしまうのではなく、少しずつ、長い期間にわたって費用にしていくほうが、理に適っているのです。そのときに登場するのが、減価償却費というわけです」

「なるほど、よく考えてあるんだな」

「あとは、**『雑費』**です。使用人におそろいの仕事着を買ったり、帳面をつけるため

減価償却のしくみ

減価償却とは……

店舗の建設費

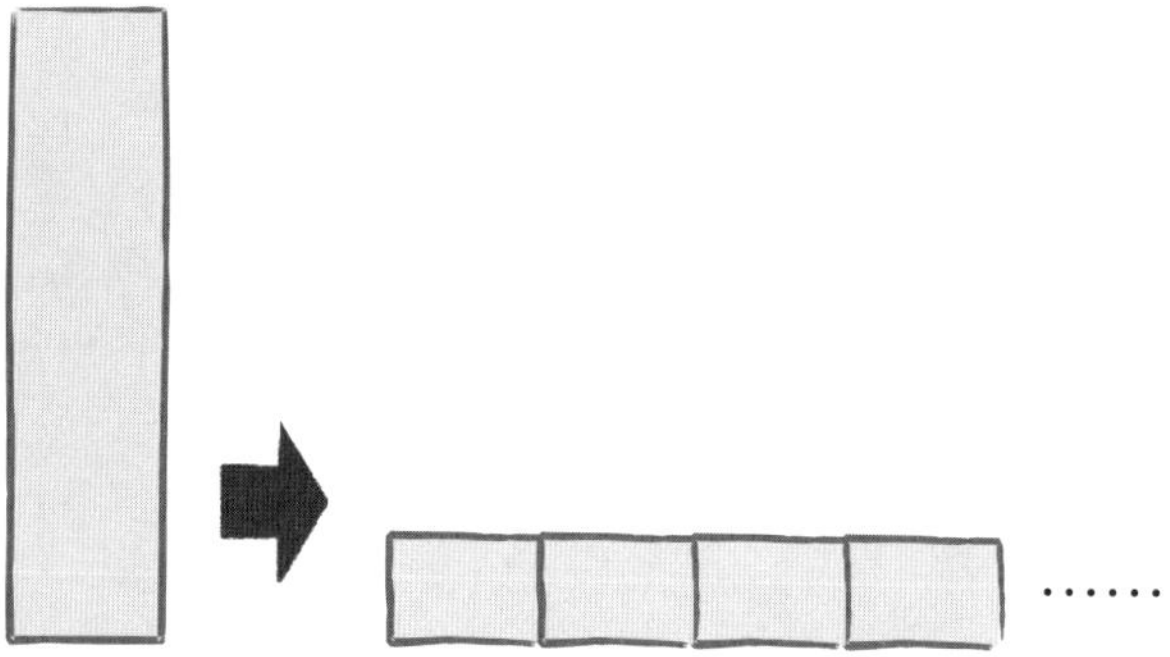

建設したときにすべてを費用とするのではなく、使用する期間にわたって規則的に費用にしていく考え方

に筆と墨を買ったり、風呂敷を買ったり……。そういった費用も考える必要がありますよね」

勘助はぅーん、とうなった。

「こうやってみると、商売にはものすごくたくさんのお金がかかっているんですね」

ミキトは微笑みながら、「そのとおりです。それでね……、もう１つ覚えてほしいことがあるんです」と話を続けようとした。

「えっ？　まだあるんですか？」

勘助はすでに頭がパンクしそうである。

「えぇ……、わかりやすく紙に書きながら教えますから、覚えきれなかったらあとでまた復習するといいですよ」

ミキトはサラサラと筆を進める。

「勘助さんの言うとおり、商売にはたくさんの費用がかかります。そして、その費用を超える売上を上げることができれば、利益を得ることができるわけです」

「はい……、その理屈はわかります」

ミキトは、勘助がうなずいたのを確認して、話を続ける。

補足　現代の損益計算書について

本章で登場した「損益計算書」は、一定期間で企業がどのように収益を上げ、同時にどれくらい費用がかかったかを整理することにより、企業の経営成績、つまりどれだけの利益を得たかをまとめたものです。

ミキトが作成した損益計算書は非常に簡略なものですが、現代の企業ではもう少しいろいろな項目が加わっています。

ここで、現代の損益計算書の基本的な構成について整理しておきましょう（45ページの図表を参照）。細かい項目にとらわれるより、次に説明するようなブロックごとに頭に入れると理解しやすくなります。

①売上総利益まで

「**売上高**」「**売上原価**」「**売上総利益**」は本章で取り上げたとおりです。

②営業利益まで

売上総利益の下に並んでいるのは「**販売費及び一般管理費**」です。売上原価のほか、企業が通常の営業を行なうために必要になる費用がここに集計されます。

本章で紹介した「人件費」や「減価償却費」などに加え、最近では「広告宣伝費」なども多額に計上されることが多くなっています。

「①売上総利益」から「販売費及び一般管理費」を引くと、「**②営業利益**」になります。本業からどれくらいの利益を得たかを示す指標として非常に重要です。

③経常利益まで

営業利益の下には「営業外収益」と「営業外費用」が並んでいます。これは、通常の営業では必ずしも必要のない費用、たとえば借入金や預金に対する「利息」などが計上されます。

「②営業利益」に「営業外収益」「営業外費用」を加減すると「**③経常利益**」になります。

この部分までで、通常、発生する収益と費用がすべて集計されているため、経常利益は正常な経営を前提とした収益力を示す指標であるといわれています。

④税引前当期純利益まで

最後に「特別利益」「特別損益」。災害による損失や建物の売却による利益など、めったに発生しない臨時の収益・費用を計上します。

「③経常利益」に「特別利益」「特別損失」を加減すると、税金以外のすべての要因を考慮した「**④税引前当期純利益**」が計算されます。

⑤当期純利益まで

「④税引前当期純利益」から、さらに法人税などの税金を引いて、一定期間に得られた最終的な利益である「**⑤当期純利益**」が求められます。

変動費と固定費

「売上高は売れば売るほど増えるものですよね？　でも、一方の費用は、売れても売れなくても発生してしまうものがあるんです」

「売れても売れなくても発生する費用……？」

現代の損益計算書のしくみ

売上高			①
売上原価			①
売上総利益			①
販売費及び一般管理費			②
広告宣伝費			②
給料手当及び賞与			②
減価償却費			②
営業利益			②
営業外収益			③
営業外費用			③
経常利益			③
特別利益			④
特別損失			④
税引前当期純利益			④
法人税、住民税及び事業税			⑤
当期純利益			⑤

「そう、費用は2つに分かれるんです。『**変動費**』と『**固定費**』ですね」

ミキトはそう言って説明を続けた。

「変動費というのは、売上を上げれば上げるほど、それにともなってかかる費用のことです。反物の生地はまさにそうですね。一方で、人件費や雑費は、反物が売れなくてもかかるものです。勘助さんが反物を売らなかったからといって、お給料が出なかったことは、なかったでしょう?」

「はい……。丁稚でお店の手伝いをしているときも、月に2朱のお給料をもらっていました」

「そういう費用をまかなうためには、反物を一反だけ売ったのでは足りないのです。たくさん売って、固定費を十分にまかなえるだけの**限界利益**を稼がないといけません。限界利益というのは、反物を一反売り上げたときに増加する儲けの金額です」

「……おいおい、ちょっと話についていけねぇよ。もう少し俺っちにもわかるように話してくれねぇかい?」

費用は変動費と固定費に分かれる

売上高（＝売値の合計）

売上原価のうち、仕入値 ―― **変動費**＝売れば売るほど発生する

限界利益

売上原価のうち、仕立賃

販売費及び一般管理費

　人件費

　家賃

　減価償却費

　雑費

（売上原価のうち、仕立賃〜雑費）―― **固定費**＝売っても売らなくても発生する

営業利益

損益分岐点とは？

留さんが歯がゆそうにそう言うと、ミキトは別の紙に新しい図を書いた。

「こうやって図にするとわかりますか？　反物を売っても売らなくても必要になる固定費をまかなうためには、反物をたくさん売って、限界利益を稼がないといけません。その粗利の金額が固定費を上回ることができたら儲けが出ますし、下回れば損をすることになるんです。その境目になる点を**『損益分岐点』**というんですよ」

「その損益分岐点が……、5両なんですか？」

ミキトはいつもどおり笑顔で続ける。

「うーん、少し違います。勘助さん1人だけでなく、『ゑびす』全体として、月々ある程度の売上を上げないといけないんです。勘助さんは、そのなかの5両を任されたということになりますね」

ミキトがさりげなく使った「任された」という言葉の響きに、勘助は心ときめくも

損益分岐点の図

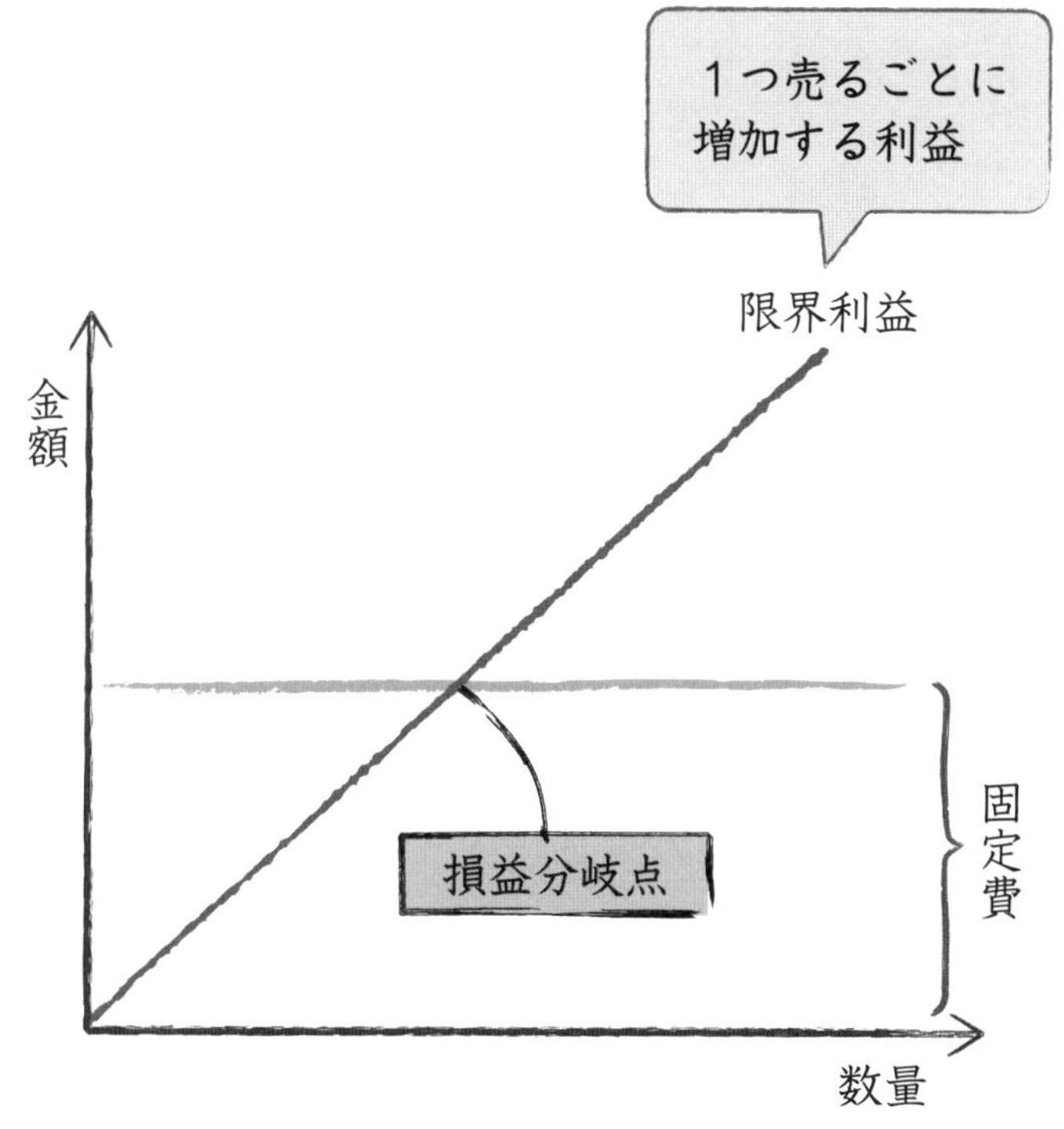

のを覚えた。少しずつ勘助は、「ゑびす」の役に立てるだけの存在に、なりつつあるのだった。

ゑびすの損益計算書をつくる!?

「それにしてもよぉ、今までの話を聞いてたら、なんだか『ゑびす』がどれだけ儲かってるのか、知りたくなってきちまったなぁ?」

留さんが出し抜けに大きな声でそう言ったから、広間にいた男たちが、そろって視線を向けた。

「留さん……、声が大きすぎですよ」

ミキトは苦笑いしながら声を潜めて留さんをとがめたが、勘助のほうに向かって、

「とはいえ、勘助さん。そろそろ勘助さんは知っておいたほうがいいかもしれませんね……」

とささやいた。

「え、なんのことですか?」

「**お店がどれくらい売上を上げて、どれくらい費用がかかっているか**です。つまり『ゑびす』の損益計算書を、勘助さんがつくってみてはいかがですか？」

ミキトの提案は突拍子もないことのように思えた。

「えっ、でもどうすればつくれるんですか？」

「それほどむずかしいことではないですよ。旦那様に**大福帳**を見せてもらって、金額を整理すればいいんです」

大福帳は江戸時代に用いられた帳簿の一種である。「ゑびす」では、売上の記録だけでなく、支出をふくめたほぼすべての取引を、この大福帳に書き留めており、高光が厳重に管理しているのだ。

ミキトに説得されて、勘助は「やってみよう」という気になった。

ゑびすの大福帳

「なに、大福帳を見せろだと？」

その日、夕餉《ゆうげ》を食べながら、勘助は高光に大福帳を貸してほしいと直談判《じかだんぱん》をしていた。ミキトに言われたとおり、勘助はこの店の損益計算書をつくるつもりだった。

「お願いします……、調べたいことがあるのです」

勘助はそう言って頭を下げたが、

「……それは、無理というものだ」

高光の返事はつれなかった。

「なんでだい、見せておやりよ」

高光にお代わりのご飯をよそいながら、女将さんが助け船を出す。

「大福帳はな、商人がなによりも大事に扱うものなんだ。よくよくのことがないかぎり、渡すわけにはいかん」

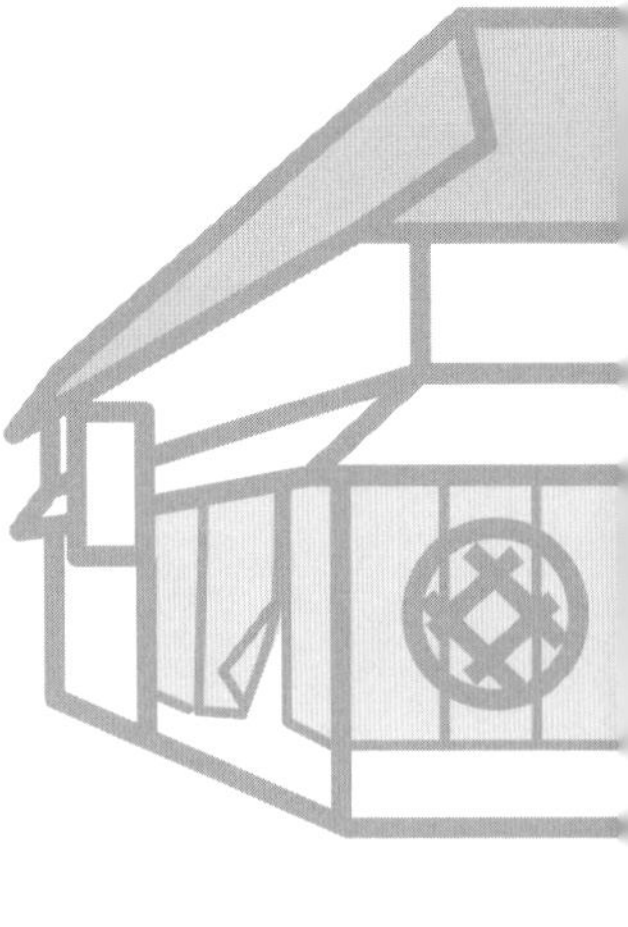

高光はかたくなに、大福帳を見せることを拒んだが、こうつけ加えた。

「しかし……、大まかなことなら教えてやろう。夕餉が済んでからな」

そう言って、高光はたちまち2杯目のご飯をたいらげた。

その様子を、つまらなそうに見ている女の子がいた。高光の娘であり、「ゑびす」では仕立てを担当しているお絹であった。お絹はむっつりと勘助のほうを見つめていたが、

「お絹、あんたも早くお食べなさい」

そう母親に促されて、「ふんっ」と言いながら再び食事に手をつけた。

ゑびすの損益計算書の内容とは

次の日、早速「ゑびす」の損益計算書をつくり上げた勘助は、仕事を終え、風呂をあがると2階の広間に向かった。少し早めに来たせいか、まだ人はまばらだったが、ミキトはいつもどおり、そこにいた。

「やぁ、もう損益計算書ができたのですか？」

「はい、昨夜、旦那様に聞きながらまとめてみました」

勘助は損益計算書を見せた。その年の文月《ふみづき》（7月）の業績を、まとめている。それを見て、ミキトは「ほぉ」と声を上げた。

「なるほど……。3つの通貨を分けて書いてあるわけですね」

江戸時代の通貨は、いわば「4進法」ででき上がっているため、足し算や引き算をするのは少し厄介である。しかし、「両」の列に注目していれば大まかなことは把握できそうだ。


「勘助さん、損益計算書をつくってみたら、そろそろご自分で5両売り上げる必要がある理由が、わかってきたんじゃないですか？」

ミキトの質問が、核心を突いてくる。

「……そうなんです。あんなにたくさん反物を売っているのに、『ゑびす』は実はほとんど儲けが出ていないということがわかって、驚いたのです」

確かに、営業利益を見ると、儲けは1両と少々しか残っていない。

「そうですね。勘助さんががんばってあと1両売上を上げることができたら、その

「ゑびす」の損益計算書

	両	分	朱
売上高（＝売値の合計）	28	1	2
売上原価（＝仕入値と仕立賃の合計）	20	1	1
売上総利益（＝粗利の合計）	8	0	1
販売費及び一般管理費			
人件費	3	1	3
減価償却費	2	2	0
雑費	0	3	3
営業利益	1	0	3

※１両＝４分、１分＝４朱となるため、計算は少し複雑である。
販売費及び一般管理費の合計は、単純に足し算をして５両６分６朱。

この金額を整理すると６両３分２朱となり、これを売上総利益から差し引くと、営業利益は１両３朱となる分に見合う利益が増えることになるわけですから、勘助さんはもっとがんばらないといけません……。５両という数字がデタラメじゃないということが、わかってよかったじゃないですか」

「そうですね……。よくわかりました」

勘助はそう言ってうなずいたが、もう１つの不安がこみ上げていた。

そう、いったいどうすれば５両を売ることができるのか、ということである。

「こうやって仙人様に儲けのしくみを教わっても、僕は今、月々４両を売り上げるので精一杯なんです……。あと１両、どうすれば売れるようになるでしょうか？」

勘助はわらにもすがる思いで訊いたが、ミキトの返事は意外にもつれなかった。

「うーん……、むずかしいですねぇ。私は呉服屋ではありませんから。外回りの先輩のみなさんに、どうやって売上を立てているか、尋ねてみてはいかがですか……？　そろそろ夕餉のお時間でしょう？」

ミキトに言われて窓の外を見ると、いつの間にか日が暮れていた。

「あっ！　いけない！　帰らなきゃ……」

勘助はあわてて駆け出した。ミキトはその後ろ姿を見送りながら、「あはは……、相変わらずですね」と笑った。

福太郎さんに同行する

「あの……、福太郎さん」

夕餉を食べながら、勘助は隣の膳の前に座っている、古株の外回りに声をかけた。

年が離れていて、しかも目つきが鋭く、一見、人を寄せつけない雰囲気をもっているが、声をかけられた男は、愛想よく笑って、「なんでしょう、お坊っちゃん」と声を返した。

丁稚奉公中とはいえ、本家の跡継ぎである勘助には、みな丁寧に接するのであった。

「あの……、どうやったら毎月5両も売れるんでしょうか？」

勘助のあまりに直截《ちょくせつ》な訊き方に驚いたのか、福太郎は思わず、

「……お坊っちゃん、いきなりなにを……」

と言った。

すると、その様子を向かいで見ていたお絹が、箸で勘助を指し、

「あんた、ご飯時に野暮ったいこと訊くもんじゃないよ」

と不機嫌そうに言った。

「えっ？　僕がなにか……？」

勘助には意味がわからない。自分はただ、ミキトに言われたとおり、外回りの仕事のことをベテランから聞き出したかっただけであった。

「……いい？　ここの人たちはねぇ、みんなきついお仕事を終えて、今はくつろいでるときなのよ。そんなときに仕事のことを思い出させるような話をするんじゃないわよ」

お絹はキンキンした声でまくし立てた。確かにお絹の意見も的を射ている。彼女は物心ついたときからこうして従業員と食事をしているから、そういう機微を心得ていた。


「すみません……、福太郎さん」

勘助は隣の福太郎に謝ったが、福太郎は愛想よく笑って次のように返した。

「まぁまぁ、お気になさらず……。では、勘助坊っちゃん……、明日は明け六つに起きられますか？」

「あ、明け六つ⁉」

今は葉月《はづき》（８月）だから、明け六つというと、だいたい午前３時〜４時ごろである。

「えぇ、明日はあっしについていらっしゃい。それでなにか勉強になるなら」

福太郎はそう言いながら、高光の表情を伺った。一部始終を見守っていた高光は黙ってうなずいた。諸事任せる、といった様子だ。

大八車とともに出発

翌朝、勘助はなんとか眠い目をこじ開けて、福太郎に言われたとおり、店の前で待っていた。

「おはようございます。さぁ、早速、支度を始めましょう」

福太郎の表情は昨夜よりもひきしまっていた。店の裏から大八車《だいはちぐるま》を運んでくると、その上に蔵や店内からたくさんの反物を積み込んでいく。

「あの、こんなにたくさん……？」

勘助が反物を積みながら尋ねると、福太郎は「へい」と答えた。

「あっしはほかの者より遠いところを回ることが多いもんで、こうやって大八車を引っ張るんです。一日にできるだけたくさんのお客さんを回ろうとしたら、これくらい早起きしないと間に合わないんでさ……」

そう言うと、福太郎は「よいしょ」と一声上げて、大八車を引っ張り始めた。

従業員へのもてなしの表われ

福太郎と勘助は江戸の街で5軒の得意先を回り、納品と御用聞きを済ませて1件の注文を取った。

福太郎の外回りに初めて同行した勘助は、滞在時間が短いのに驚いた。いつもダラダラと世間話をしてしまう勘助とは正反対である。

「江戸っ子は手際がよいほうが好きなんでさ」

福太郎はそう言っていたが、それでいて、福太郎は懇切丁寧に御用聞きをし、そのつどしっかりと雑談もこなしている。

そのスピードで一日に5軒もの訪問を可能にしつつ、それでいて、決して無愛想な印象を与えない。

勘助は外回りという仕事の奥深さと、厳しさを初めて肌で感じ取った。福太郎のような努力や工夫をしたわけでもなく、それでいて4両以上の売上を上げられないことに弱音を吐いていた自分の、いかに情けなかったことか。

それでも夕方近くになり、「ゑびす」へと向かう家路につくと、ひと仕事終えた安堵感からか、福太郎の表情はやわらかくなっていた。

「福太郎さんのご苦労がよくわかりました……。僕なんか、近場のお客さんばかりを回らされていて、まだまだ甘やかされているんだと思います」

勘助は正直にそう言った。

「へへへ、自慢じゃねぇが、あっしは外回りとして旦那様に誰よりも信頼されておりやす。店から一番遠いこのあたりを任せてもらえるのは、そのせいなんです」

遠方のお客ほど、目が行き届きにくい。そのため、高光は自分の次に腕の立つ福太郎を、もっとも遠い地域に行かせているのであった。

「坊っちゃんもいつかきっと、旦那様のように、あっしら使用人に常に愛情を注いでくれる商人になってくださいましな」

「愛情……、ですか？」

「そうですとも……。あっしはほかの呉服屋で修業していました。十分なまかないが出ないせいで、やせて倒れてしまう仲間を何人も見てきました……。『ゑびす』では朝晩の飯がしっかり出て、女将さんが早起きしてあっしたちのために握り飯まで作ってくれる。だからこそ、あっしは朝早くても、脚がきつくても毎日がんばろうと思えるんです」

勘助は、高光という商人の器の大きさと、人の上に立つべき者としての気概を、福太郎の何気ないひと言から学んだ気がした。

そして、自分の業績と給金とばかりを気にして、5両というノルマに不平をこぼしていたことを、胸の内で恥ずかしいと感じていた。

「福太郎さん、ありがとうございます……。今日はとっても大事なことを教わりました」

福太郎は小さく「えへへ」と照れ笑いをしたあと、

「さぁ坊っちゃん、もう陽が暮れちまう……。急ぎましょうか」

そう言って、大八車をグッと押した。

解説

収益と利益、費用と損失

勘助は、まず外回りの営業マンとしての仕事を任されます。営業という仕事が存在しない企業を筆者は見たことがありません。顧客に対して製品やサービスを提供し、その対価を得ることが、何よりも大事な企業としての活動といってもいいでしょう。

お客さんなど、企業の外部から得られる対価のことを、会計の世界では「**収益**」と呼びます。収益の代表例はもちろん「売上高」ですが、たとえば預金から得られる「利息」など、売上以外の収益も多少あったりします。

その一方で、収益を得るためには、さまざまな支出をしなければなりません。「ゑびす」では反物を仕入れて、それを仕立てて着物にして売っていますが、その仕入れや仕立てには当然、対価を支払わなければなりません。

外部に対して支払わなければならない対価のことを、会計の世界では「**費用**」と呼びます。「ゑびす」では、仕入値と仕立賃などの「売上原価」のほか、「人件費」や「減価償却費」といった、「販売費及び一般管理費」があります。現代の企業では、借入金に対する利息や手数料など、細かい費用がほかにも存在します。

収益と費用を比較したときに、収益のほうが大きくて初めて企業は「儲け」を得ることができます。会計の世界では、この儲けを「**利益**」と呼びます。すなわち「**収益−費用＝利益**」。さらに、費用には変動費と固定費があって、固定費を超える「限界利益」を得る必要がある……、というのは、本章で詳しく述べたとおりです。

「営業マンにとって、会計という学問は縁のないものなのではないか」。読者のなかにはそう思う方もいるかもしれません。しかし、自身が扱っている商品がどのような費用をかけて作られているのかを知らなければ、収益を上げることができても、利益を上げることはできません。そう、外回りを始めたばかりの勘助のように。

ちなみに、費用と混同しやすい概念に「**損失**」というものがあります。費用と損失……、どちらも同じようなものに思われるかもしれませんが、実は会計の世界ではしっかりと使い分けがされています。費用とは、あくまでも収益を得るために必要な支出を指します。一方、損失とは収益の獲得につながらないものを指します。

「ゑびす」の場合、反物の仕入値は売上原価にふくまれますが、これはあくまでその反物が着物として売られたときにのみ、費用として計上されます。たとえば、この反物が売られることなく、火事で焼けてしまった場合には、それはなんの収益も生んでいないので、「損失」という言葉で表現することになります。

第2章

勘助は「買い付け業務」に挑戦した

問屋との商談

江戸の街が、少しずつ冬支度を始めつつあった。

福太郎に同行して以来、勘助の仕事ぶりにはより一層の熱が入っていた。勘助は一日の訪問件数を増やし、次の月の売上はノルマの5両を大きく上回る、6両2分（208万円）にも及んだ。これは高光をふくめ、すべての外回り担当の成績のなかでも頭ひとつ抜けたものだった。

これほどの成果を上げても、高光はなお厳しかった。

「これくらいの売上なら私も上げたことがある。商売というのはよいときもあれば、わるいときもあるものなのだ。これしきのことで、浮かれるでない」

ともあれ、勘助は高光の言うところの「一人前の商人」への道を、着実に進んでいるのだった。

お絹との言い争い

勘助は、今日は外を回らず、店内の一室に座っている。

「ゑびす」の店内にはふすまで仕切られたいくつかの部屋がある。しかし、販売は勘助をはじめ、数名の外回りが担っているから、店内の部屋は売り場や試着室としてではなく、むしろ問屋との商談をするためのスペースとして使われることが多い。

今、部屋では勘助とお絹が言い争っているようだ。その様子を、見慣れぬ商人が困った様子で眺めている。

「あたいのやることに、いちゃもんつけないでちょうだい！」

「ダメです！　あの反物の仕入値が2分だなんて、高すぎますもん！」

お互い一歩も譲らない2人。そのやり取りを、壁で隔てられた隣室で高光がこっそりと耳をそば立てて聞いていた。

「やれやれ……。やはり私が、ひと芝居打たねばなるまい」

高光はそう嘆息して、勢いよくふすまを開けた。

買い付けを任される

話の発端は、その日の朝のことだ。

秋雨がしとしとと降っているなか、いつものように朝餉《あさげ》を食べていた高光は、ふと思い立って、

「勘助……、それからお絹。飯を食べたら私の部屋にきなさい」

2人にそう言ったのである。

「え、あたいも？」

お絹はすっ頓狂な声を上げたが、高光は「うむ」とだけ言って、部屋を出て行った。


「失礼します」

朝餉を終えて、2人で高光の部屋を訪ねると、

「おぉ、座れ」

高光の前に、座布団が2つ並べられていた。

「今日はどうやら一日中雨のようだから、勘助は外回りに行くことはできぬ。お絹

も、この分だと新しい注文はこないだろうし、それほど忙しくはあるまい。そこで、だ……」

高光はそこまで言ってから、ひと呼吸置いて、

「……お前たち、**買い付け**をやってみなさい」

「えっ⁉」

お絹の顔が思わずほころぶ。が、勘助には事情がのみ込めなかった。

「買い付けっていうと……、どんなことをするんでしょうか？」

「今日の昼ごろに、大坂の問屋がここを訪ねてくる。反物の見本を見せてくれるから、そのなかから売れごろのものを見繕って買い上げるのだ」

「え、今日ですか？」

勘助は驚いた。まさか話をもちかけられたその日から買い付けをすることになるなんて、想像もしていなかったのだ。

「仕方なかろう。問屋がくる日取りは決まっていたし、今日たまたま雨が降ったから、勘助にも経験させようと思ったまでだ」

勘助はいまだにとまどっていたが、お絹はすでに乗り気である。

「ねぇ、おとっつぁん、生地選びはあたいに任せてくれるの？」

「あぁ……、たまには若い者の感覚で仕入れたほうが、品ぞろえにも幅が出るだろうからな」

高光の狙いは、どうやらその辺にあるらしかった。

「では、あとは任せる。なお、**今回の買い付けの予算は6両（192万円）だ。**それを超えてはならん、よいな？」

2人はこくりと、うなずいた。

初の商談に臨むが……

昼になってやってきたのは、丸々と太った、いかにも羽振りのよさそうな商人だった。丁稚を2人連れて、それぞれに大きな荷物を持たせている。

「いやー、江戸の街は何度きてもええもんですなぁ〜、大坂とちごうて、品があるわ〜」

問屋商人は、ニコニコしながら、明らかにヨイショとわかる文句を並べ立てる。

「今回も新しい品をぎょうさん持ってきましてん……。おい、出しや」

丁稚が手際よく荷物を解くと、たくさんの反物が現われた。ほかにも、反物の一部の端切れを束にした、現代でいうカタログのような見本も数冊並べられた。いずれも、江戸の街ではあまり出回っていない新柄、新色のものばかりである。

「……いかがでしょう？」

「すごいわぁ……」

お絹の目はキラキラと輝いている。

「どれもきれい。特にこの縦縞《じま》なんて、粋ねぇ」

お絹が手に取った反物は、黒地に控えめな縞が入っているものだ。縞の１つひとつが少しずつ色を変えており、それらがきれいなグラデーションを生んでいた。まるで四季折々の移ろいを見ているような美しい反物だった。

「へぇ、それを手に取るとは……。さすがは三友のお嬢ちゃんでんな～」

問屋商人はお世辞を言いながらも、この娘の生来《せいらい》のセンスは本物だと感じたようだ。隣で見ていた勘助も、思わずお絹を見直した。

「いやぁ、若いのに大した目利きでいらっしゃる。こうなったら誠心誠意、ご要望にこたえさせていただきまっさ……。どうでしょう、その反物。ほんまは３分（24万円）なんやけど……、思いきって2分（16万円）でお売りしまひょ！」

問屋がそう言うと、お絹が「えぇっ！」と声を上げた。

「3分を2分に……、そんなにまけて下さるの？」

腰を低くして接してくる問屋に乗せられて、お絹の口調が突然、ませたものになった。問屋の目の奥が鋭く光る。

「えぇ、そりゃあもう。今日お嬢さんとは初めてお近づきになれましたんや。ご祝儀ちゅうことで、1分（8万円）くらいパーッとお安くしまっせ！」

「じゃあ、いただくわ」

大人モードのお絹が、手拍子で話をつけようとしたのを、あわてて勘助が止めた。

「ちょ、ちょっと待ってください、お絹さん！」

お絹の紅潮した顔が、勘助に向けられる。

「この反物は確かに素敵だけど、せいぜい2分で売るのが精一杯です。仕立賃のことを考えると、1分1朱までまけてくれないのなら、買うわけにはいきません」

問屋が一瞬「まずい」という顔を見せたが、お絹は気づかない。

「なに言ってるのよ、あんた。あたいたちは6両分、好きなように買っていいって言われているんだから、かまわないじゃない」

「でも、６両はドブに捨てていいと言われたわけじゃありません。ちゃんと儲けになるように買わなくちゃ……」

勘助がたしなめた次の瞬間、お絹が畳をバシンと叩いて、ありったけの声で叫ぶ。

「あたいのやることに、いちゃもんつけないでちょうだい！」

「ダメです！　あの反物の仕入値が２分だなんて、高すぎますもん！」

勘助も負けじと大きな声で反論したとき、ふすまがカラリと開いた。

そう、隣の部屋で耳をそば立てていた、高光である。突然の高光の登場に、一瞬静まり返る室内。そこに、たちまち高光の雷が落ちる。

「お前たち、なにを騒いでおる！　問屋さんの前で、みっともない！」

あまりの大声に、勘助とお絹だけでなく、問屋たちまでもが身体を震わせた。

「これはこれは旦那様……。あの、ここはひとつ穏便に……」

問屋はあわてて、畳の上ではいつくばる。

「いや、どうも失礼……。うちの者がとんだ粗相を……」

高光は客向けの穏やかな口調でわびると、座って問題の反物を手に取った。

「……ほぉ、この反物は粋だなぁ」

「へ、へぇ……」

先ほどまでとは打って変わって、おとなしくなった問屋に、高光はサラリとこう言った。

「よし、1分（8万円）で売ってくれ」

「え？」

勘助は耳を疑った。自分が考えている値段より、さらに安い。

さらに驚いたのは、高光のひと言に問屋が即座に「へい、1分でまとめさせていただきやす」と答えたことだった。

高光はその言葉を確かめてから立ち上がり、

「ものの値打ちのわからない若輩者《じゃくはいもの》が相手をするので面倒をかけるかもしれませんが、何卒お手やわらかにお願いしますよ。私は隣室におりますので、なにかあったら声をかけてくださいな」

そう断って部屋を出て行った。すべては問屋が主導権を握るのを防ぐための、高光の芝居であった。

結局その日、勘助とお絹は10反、金額にして3両ほどの買い付けを行ない、残り3

両分は明日へと持ち越すことになった。

宿へと引き揚げていく問屋を見送ったあと、高光はお絹に向かって、

「お絹、片づけを終えたら私の部屋にきなさい」

そう言い残して自分の部屋へと戻っていった。

「もしかしたら、先ほどのことを叱られるのかもしれない」

お絹はおびえるような表情を一瞬見せたが、すぐに勘助をにらみつけ、

「叱られたら、あんたのせいだからね！」と言い放った。

「えっ？」

「だってそうじゃない。2分で買い付けたらその分、ちゃんと値入をして売ればいいんでしょう？　わざわざ安く買うことなんてないのよ」

「そ、それは……」

勘助が思わぬ反論に言葉をつまらせたとき、高光が戻ってきて、お絹をせかした。

「おいお絹、早くこんか」

「は、はい……」

お絹はうつむきながら高光について行く。高光はチラリと勘助を見てこう言った。

「勘助は風呂屋にでも行ってこい。雨も上がったようだからな」

売値と値打ち

「へぇ、今日は買い付けをやったんですか……、それは興味深いですね」

高光に言われたとおり風呂屋に行くと、ミキトが久しぶりに広間にいたので、勘助は今日あった出来事を話した。

「あの品物は、いくらで仕入れるのが正しいんでしょうか？」

勘助は、例の反物の話を切り出した。ミキトは「そうですねぇ……」と腕組みをしながら話を続ける。

「結局、旦那様が1分で手を打ったのでしょう？　その理由はわかりますか？」

「それは……、おそらく僕と同じだと思います。あの反物を着物にしても2分程度で売るのが精一杯ですから……」

勘助の答えを聞きながら、ミキトはいつものとおり、懐紙を取り出してサラサラと

書き始めた。

「あれ、これ……、前に習ったはずですけど？」

売値∧値打ち……売れる
売値∨値打ち……売れない

勘助がそう言うと、ミキトは首を振った。

「似ているけど、違うんです。前回は『原価と売値』の関係を説明しましたよね？　今回は『**値打ち**』です」

「値打ち、ですか？」

売値と値打ち、同じような意味の言葉だと勘助は思った。

「そうです。ここのお風呂に入るとき、私たちは5文を払いますよね？　これが明日から20文になったら、どうしますか？」

「えっ、20文もするなら……、隣町の安いお風呂屋まで歩くと思います」

江戸の街には風呂屋が多かったので、１軒が工事などの理由で休業しても、隣町まで行けばすぐに風呂屋が見つかるのである。

「そうですね。つまり、私たちは高すぎるものにはお金を払いたくないんです。でも、５文だったら払おうと思っている。……それが『値打ち』です。このお風呂屋には５文の値打ちは十分にあります。でも、20文もの値打ちはないんです」

「なるほど……」

「呉服も同じ話です。あまり高級でない品を高く売られたら、たいていのお客さんは断るだろうと思います。値打ちにつり合った売値にしてあげることが、商売の鉄則なんです」

「じゃあ、２分（16万円）であの反物を仕入れたとしても……」

「そうですね、勘助さんの言う２分でないと、売れなかっただろうと思います。でもそうすると、仕立賃をふくめると売値が原価を下回って、赤字になってしまいますね……」

ミキトはそう言って次の図を描いた。

「当たり前のことですが、反物は売る前に仕入れないといけませんよね。ですから、

原価・売値・値打ちの関係

原価＜売値＜値打ち……商売が成功する

それ以外……商売が失敗する

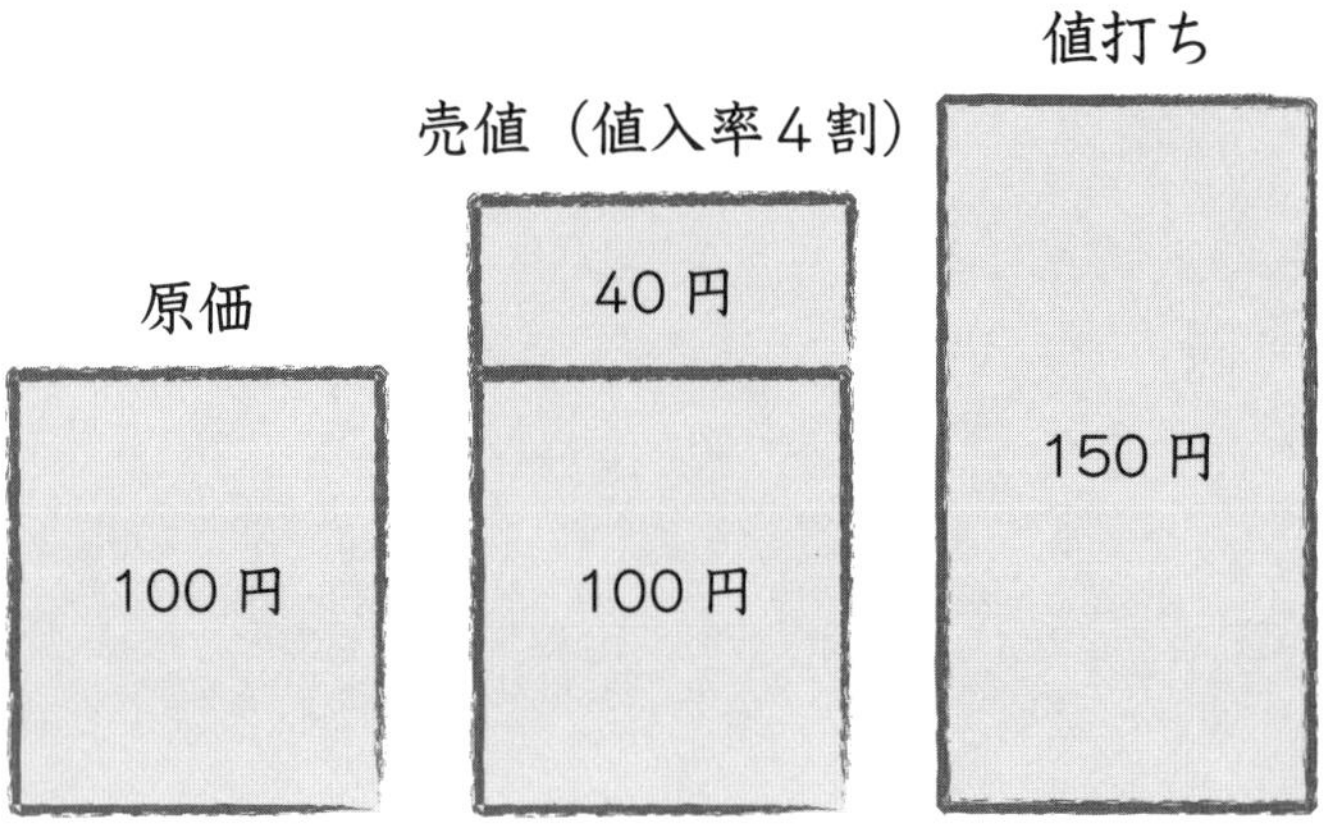

反物を仕入れる場合は、それを売ることを想像して値打ちを見極めて、そこから逆算して仕入値を決めないといけないわけです。そういう意味では、勘助さんはとてもいい考え方ができていますよ」

勘助はホッとした。やっぱり、自分の判断は合っていたんだ。

「逆に、お絹さんは気の毒ですね。『ゑびす』ではずっと仕立てをしていたんでしょう？　外回りをしていないから、売値の相場にはあまり詳しくなかったのだろうと思います……。もっとも、だからこそ勘助さんと組ませたのだと思いますが」


ミキトがそう言ったので、勘助はなんだかお絹のことが心配になってしまった。

「お絹さん、すごく落ち込んでいるんじゃないでしょうか？」

「そうかもしれませんね……。明日も一緒に買い付けをするなら、なぐさめてあげたほうがいいかもしれません」

勘助は、急いで店に戻ることに決めた。

「僕、店に戻ります」

「えぇ、そうしてあげたほうがいいですね。またいつでもいらっしゃい」

ミキトがそう言い終わらぬうちに、勘助は駆け出していた。

高光の狙い

「勘助さん、ごめんなさいね」

「ゑびす」に戻ると、先ほどまでとは打って変わってしおらしくなったお絹が、勘助にそう詫びてきた。

その様子を見て、あぁ、やっぱりこっぴどく叱られたんだろうなと思った勘助は、

「いいえ、気にしないでください」と答えながらも様子を知りたくて、

「あの……、どんなふうに、叱られたんですか?」

と尋ねた。ところが、お絹は笑って首を振る。

「それがね、叱られたわけじゃないの」

「えっ、そうだったんですか?」

「うん。お絹にはお絹の、勘助さんには勘助さんの天分《てんぶん》があるんだぞって。あたいには美しい反物を見分ける天分、勘助さんにはそれを売りさばく天分。明日からは、あたいがきれいな反物を見つけて、それを勘助さんに値踏みしてもらえって」

「そうなんだ……」

先ほどはあんなに雷を落としていたのに、フタを開けてみればそれほど怒っていないらしい。あれが高光の芝居であったことを知らない勘助は混乱していた。それに、いつの間にかお絹が自分を「勘助さん」と呼ぶようになっているのが、なんだかこそばゆい。

「あたい、ずっと買い付けの仕事をやってみたかったの。だからつい夢中になって……、ごめんなさいね。でも、明日は力を合わせてがんばりましょ？」

お絹はそう言って、食事の支度を手伝うために台所に行ってしまった。代わりに聞こえてきたのは、高光の声だった。

「おぉ、勘助。戻ったのか。ちょうどよかった」

「えっ？　どうかしたのですか？」

勘助が尋ねると、高光は少し申し訳なさそうにして、

「すまんが……、明日私は急用ができてな、一日店を留守にしなければならないから、問屋の相手はお前たちに一切任せる。頼んだぞ」

「え……？　大丈夫かなぁ……」

「心配ない。今日と同じようにやってくれ」

高光にそう言われて「はい」と答えはしたが、勘助は不安な思いに駆られた。

二度目の商談における誤算

次の日は、スッキリとした秋晴れになった。

大坂の問屋との商談は、早朝から始められ、昼ごろまでに勘助とお絹は残り3両の予算を使いきり、昨日と通算して、全部で25反の買い物を終えた。

ちなみに、この日の問屋は終始おとなしかったため、勘助の不安は結局、杞憂に終わった。

高光が不在であることを伝えていなかったから、問屋からすれば、また隣から高光が怒鳴り込んでくるかと思って、高値をふっかけることができなかったのかもしれない。

ともあれ、問屋はひととおりの商いを終えてふーっとひと息つくと、

「どうも、おおきに……。今、手元にない反物は来月までに回船で運ばせますよっ

て、とりあえず今日は**証文**だけつくらせていただきやす」

そう言って、目録を作成し始めた。

「よかったわね、いい買い物ができて」

お絹はそう言って、勘助に笑ってみせた。

「え？　そ、そうですね……」

この娘が勘助に微笑みかけることなど、今までなかったことだ。思いもかけない可愛らしい笑顔に、勘助は少しドギマギした。

お代は6両……

「やー、お待たせしました。じゃあこちらを控えておいてくださいな」

問屋は書き上げた目録を勘助に手渡すと、そそくさと荷を片付け始めた。

「あれ、もうお帰りになるんですか？」

勘助が訊くと、問屋は「えぇ」と言って、

「回船がお八つ（午後3時ごろ）に出発やっちゅうことやし、そろそろお暇《いとま》しまっさ」

と答えた。そしてその後、

「あー、大事なこと忘れとった。お代なんですがね」

突然、問屋がそう言うので、勘助は驚いた。

「あの……、僕たちお金持ってませんけど」

さすがに高光も6両という大金を子供らに預けはしない。が、幸い、どうやら話はそういうことではないらしい。

「なに言うてはりまんねや……。まだ現物もお渡ししてないのに、お代だけもらうなんてことは、いたしまへん。お代はいつもどおり、今年の暮れまでにお支払いくださいて、旦那様に伝えておくんなはれ」

なんだ、そういうことかと、勘助とお絹は胸をなでおろした。

しかし、大きな問題が次の瞬間、発覚することになる。


「お代は、6両でいいのよね?」

何気なくお絹が尋ねたら、

「へっ?」

突如、問屋の荷造りの手が止まる。

「え、お代は６両じゃないんですか？」

「いやいや、**６両のお品代に加えて、船賃を２割５分（１両２分＝48万円）いただく約束やけど……**」

その言葉を聞いて、思わず２人は顔を見合わせる。

驚いた顔でお絹が「えっ？　そんなの初耳です」と抗議したが、問屋の表情は変わらない。

「初耳言うたかて、うちと『ゑびす』はんとの間で、そういう取り決めになってますんやで？　もちろん旦那様もご存知のことや……。えーと、６両の２割５分だから、１両２分でんな。心配せんでも、その証文にしっかりと書いておきましたんで、大丈夫だす」

そう言われて目録を見ると、確かに最後の列に**「船賃」**と書かれていた。

「そう……、ですか」

勘助はなんとなく返事をした。旦那様がご存知だというのなら、きっとそのとおりなのだろう。

「じゃ、あっしらはこれで。まいど～」

そう言って、問屋はさっさと帰っていった。

仕入諸掛とは

その日の夕方、風呂屋に急いだ勘助は、心配になってミキトに事情を話した。

「あぁ、**仕入諸掛**《しいれしょがかり》ですね……。私もそのことに気づいておくべきでした」

ミキトは申し訳なさそうな表情をして、腕を組み、うつむいている。

「なに、しいれしょがかり、だって?」

今日は留さんも一緒だ。

「はい、そうです。**反物を仕入れるときに、どうしても必要になる費用**のことを、そういうのです。『ゑびす』の場合は船賃がそれに当たるようですね」

そう言いながら、ミキトは図を描き始めた。

「大坂の問屋から仕入れるからには、どうしても船賃が必要ですよね?」

「そりゃそうだ。江戸で売るんだからな」

反物の原価

反物の原価 ＝ 反物の代金 ＋ 仕入諸掛（船賃）＋ 仕立賃

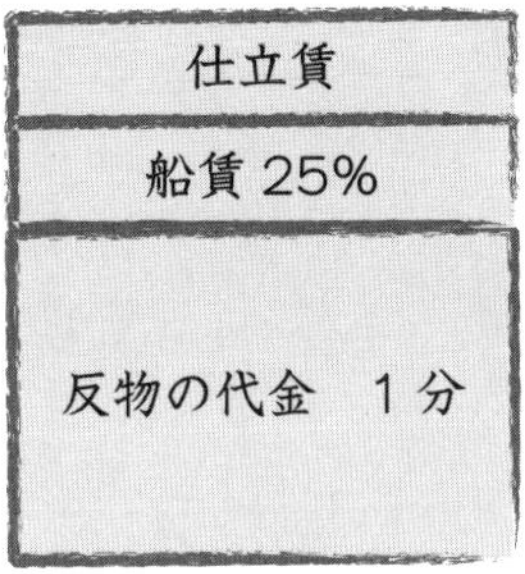

「そして、船賃について、『ゑびす』と問屋とでは代金の2割5分という取り決めをしているわけですよね？」

「はい、そうです」

「だとすると、たとえば、1分（8万円）で反物を仕入れる場合、原価は2割5分の船賃と仕立賃を足して、1分1朱（10万円）になるはずです。そして、この金額に値入率の4割を加えて、2分（16万円）で売ることになるんです」

ミキトが数値を入れながら説明しているのを聞いて、勘助は思わず、「あっ！」と叫んでいた。

「どうかしましたか？　勘助さん」

「そういえば、僕と旦那様とで仕入値が食い違ったんです。2分の売上を立てるために、僕は1分1朱の仕入値で足りると思ったのですが、旦那様は1分で売ってくれ、とおっしゃって……」

勘助は話しながら冷や汗をかいていた。

「おいおい、ちょっと、俺っちにもわかるように説明してくれよ」

留さんがそう言うのをわかっていたかのように、ミキトは先ほどの図にさらに線を書き足していく。

「いいですか？　左の図のように、船賃をふくめて1分1朱に収めることができれば、ちゃんと2分でお客さんに買ってもらえるはずだったのです」

留さんはうなずいて、話を継いだ。

「でも、実際には船賃をふくめると、1分2朱以上かかっちまうんだろ？」

ミキトはさらに図を描き進める。

「そうですね。そうすると少し割高になってしまいます。お客さんたちが買ってくれないのであれば、値引きをしていくしかありません。2分で売っても、原価を少し上回るため儲けは出ます。でも……」

「わかってるぜ、人件費だとか、そういう……、固定費が回収できないってんだ

「1分」で買うときと「1分1朱」で買うときの違い

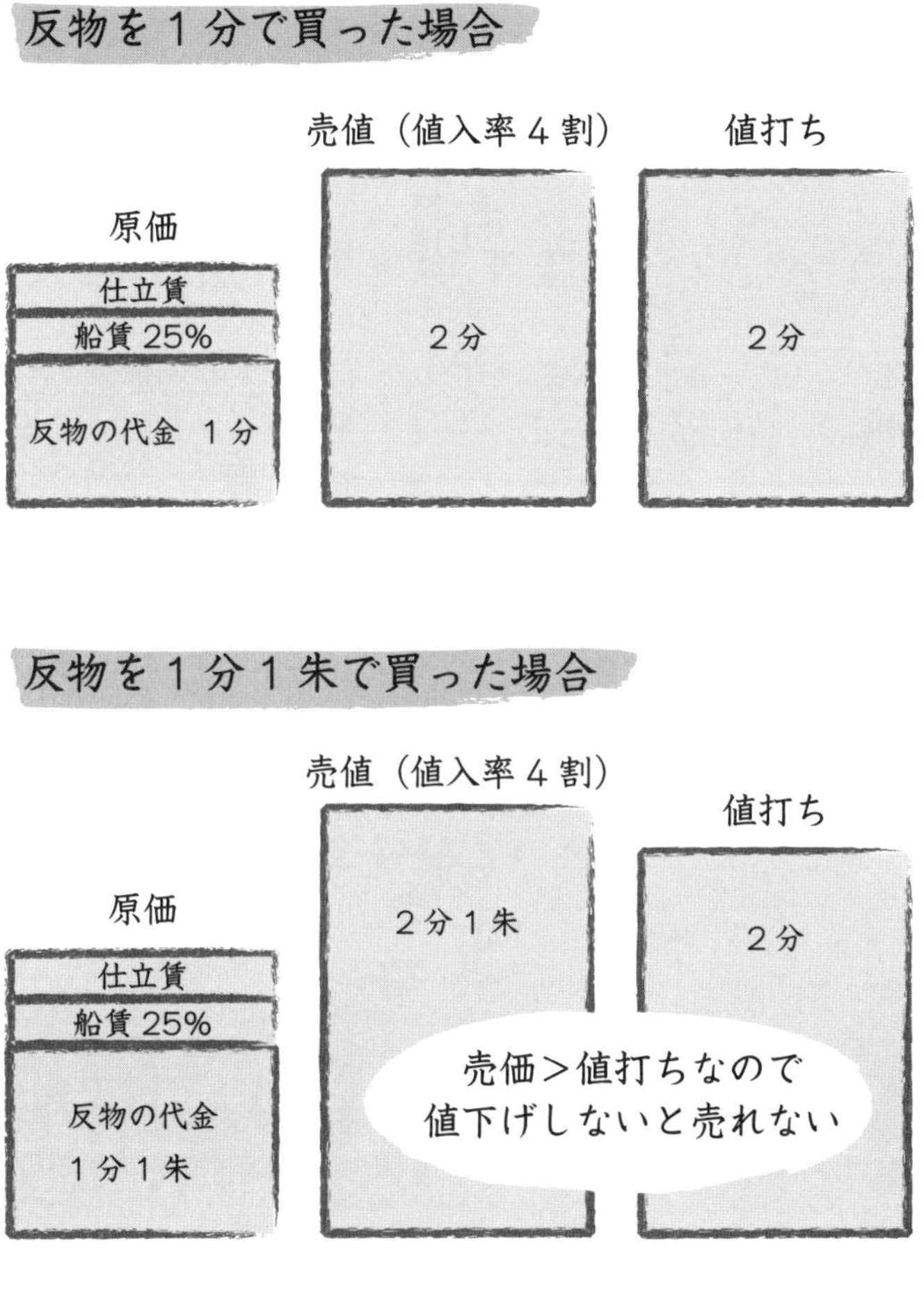

ろ？」

「そのとおりです。こういったことが、今回買い付けたすべての反物について起こっています。しめて1両2分（48万円）、というわけですね」

勘助はその説明をただ、黙って聞きながら呆然としていた。あのときの違和感は、これだったのか。しかも、その誤差は1朱どころか、1両2分にまでふくらんでしまったではないか。

「おそらく旦那様は頭のなかで、すばやくそのあたりの計算ができるのでしょうね。でも、勘助さんには詳しく説明しなかった。ご自分にとってはあまりに自然なことで、教えるのを忘れていたのかもしれません」

勘助を気遣うようにミキトが言うと、留さんも努めて明るい声で、

「なんだ、それだったら勘助が悪いわけじゃねぇんだろ？　気にすんなって」

勘助をなぐさめようとしてくれた。それでも勘助にとっては、違和感を覚えたときにすぐ高光に相談をしなかったことが悔やまれた。

なにより、次のミキトのひと言が勘助にとって重たくのしかかった。

「ただ……、1両2分というのは大きいですね。先日整理してくれたとおり、『ゑび

す』の月々の利益は1両前後です。ここで1両2分の損失が生じたとなると、ひと月分の利益がフイになったということですからね」

「ひ、ひと月分……」

勘助は、自分たちのミスが思いのほか大きなものであることを知り、愕然《がくぜん》とした。

「ぼ、僕……、店に帰ります」

青ざめた表情で勘助は立ち上がる。

「おい、勘助。しつけぇようだが、お前さんのせいじゃないんだからよ、あまり気に病むんじゃないぞ?」

留さんが声をかけたが、勘助はうなずくこともなく、悄然《しょうぜん》として出て行ってしまった。


「おい仙人様よ、あいつ大丈夫かな……?」

留さんが心配そうなのに対し、ミキトはあくまでも冷静だった。

「……大丈夫ですよ、勘助さんは」

「ふん、まるで見てきたように言いやがる」

ミキトは「あはは、そうかもしれませんね」と言って笑った。

挽回策

勘助が店に戻ると、高光が帰ってきていた。膝元に目録を広げてみては、頭を抱えている。

「……私としたことが、迂闊《うかつ》だった」

お絹の話では、彼女が目録を渡しながら船賃の話をすると、高光の顔がとたんに青ざめたのだという。

「6両というのは、船賃をふくめた金額のつもりだったのだよ……」

「ほんとに……、ごめんなさい」

お絹は思わず謝った。勘助も頭を下げる。

「いや、もとはといえば、私の指示がまずかったのだ……」

高光は首を横に振る。

勘助とお絹は「どうしよう……」とささやき合っていた。

特に勘助は、いつも悠然としている高光がこのようにうろたえている姿自体、初めて見たのである。

しかし、それも長くは続かなかった。高光は「ふーっ」と長く息をついて、

「この際、悔やんでも仕方がないな。ここは１つ、挽回のための策を考えるとするか……。おい、お絹」

「は、はい」

「母さんに、私の夕餉は部屋に持ってくるようにと言ってくれ。一晩部屋にこもって、じっくり考えてみることにする」

いつの間にか、高光の声はいつものたくましいものに戻っていた。その気迫に圧され、勘助は思わず「ぼ、僕も考えます！」と答えたが、高光は笑って、

「ははっ、お前たちには10年早いわ。２人とも、頭を切り替えて、明日からは従来の仕事に戻れ」

「で、でも……」

お絹もなにかの役に立ちたいらしく、じれったそうに脚をバタバタさせる。

「でも、じゃない。よいか、こういうときこそ、普段の商いをおろそかにしてはいかんのだ。明日から勘助は外回り、お絹は仕立てに精を出せ、わかったな？」

そう言うと、高光は自分の部屋にこもってしまった。

お絹の提案

「仕方ないか……。明日からはまた外回り、がんばりますか」

勘助がため息をつくと、お絹が突然、勘助の肩をつかんだ。

「なに言ってるのよ……。このままおとなしく引き下がれるもんですか」

「えぇっ？」

小さなお絹の顔が、どこかいたずらっぽい笑みになった。

「あたいたちも考えるのよ。1両2分を取り返す方法」

勘助はあわてて、

「だって、旦那様が10年早いって……」

と説き伏せようとしたが、ムダだった。

「いいのよ、間違えていたって。おとっつぁんが1人で考えるより、あたいたちも考えておいたほうがいいに決まってるじゃない。なにかの手がかりだけでもつかめればいいのよ。それなら、あたいたちにも役に立てることはあるわ。あたいは仕立てをしながら、勘助さんは外を回りながら、知恵をしぼりましょ？」

勘助はまじまじとお絹の顔を見た。不敵に笑っているように見えるが、その目は真剣だった。

「わかりました。それぞれの仕事をしながら、考えましょう」

勘助が答えると、お絹は

「決まりね。あーぁ、あたい、お腹空いちゃった……」

そう言いながら、夕餉の部屋のふすまを開けた。

勘助はその姿を見ながら、早速、ピンチを切り抜けるためのアイデアを、考え始めていた。

解説

ものそのもの以外にかかる費用がある

初めての買い付け業務で、1両2分（48万円）もの船賃を、考慮し忘れてしまった勘助とお絹。

インターネットで買い物をしたとき、決済画面で見た金額が自分が想像している以上に多くて、「おやっ？」と思ったことはありませんか。本体価格に加えて、送料や決済手数料などが課金されるということを、うっかり忘れてしまうことがあります。私たちはものを買うときに、そのもの自体の値段だけでなく、それを自宅まで運ぶために必要な経費も、合わせて支払っているわけです。

言うまでもないことですが、ほとんどの商品は手元に届かなければ使うことができません。裏を返せば、送料などの出費は、商品を手に入れるためにどうしても欠かせないものだと考えることができます。

会計の世界では、このような購買活動にともなって不可避的に生じる費用を「**諸掛**」と呼ぶことがあります。

本章では、反物の仕入れに必要な諸掛ということで「**仕入諸掛**」という用語が登場

しています。送料や手数料のほかにも、大きな機械を買ったときなどにはそれを据えつけるための「工事費」、精密な部品などであれば、届いたものに間違いがないか、また、注文どおりに作動するかなどを確認するための「検査費」なども、諸掛にふくまれます。海外から輸入するものであれば、「関税」もかかります。

読者のみなさんの想像以上に、諸掛は多岐にわたっているのです。勘助とお絹のように「そんな費用がかかるなんて……」と、頭を抱えたことがある買い付け担当者の方も、なかにはいるかもしれません。

今日の企業では、海外から商品や材料を仕入れたり、逆に、世界中で製品を販売したり……と、グローバルにビジネスを行なうことがもはや当たり前になっています。ビジネスを行なう地域が広がるということは、輸送距離が長くなることを意味します。諸掛の代表格ともいえる輸送コストが、このような背景とともに、無視できない重要な費用になってきているのです。

そこで、最近では倉庫を海外の要所に設置したり、独自の配送網を用意するなど、輸送コストをいかに安く抑えるか？　という点でさまざまな取組みがされています。

勘

第3章

勘助は「売掛金の回収」を始めた

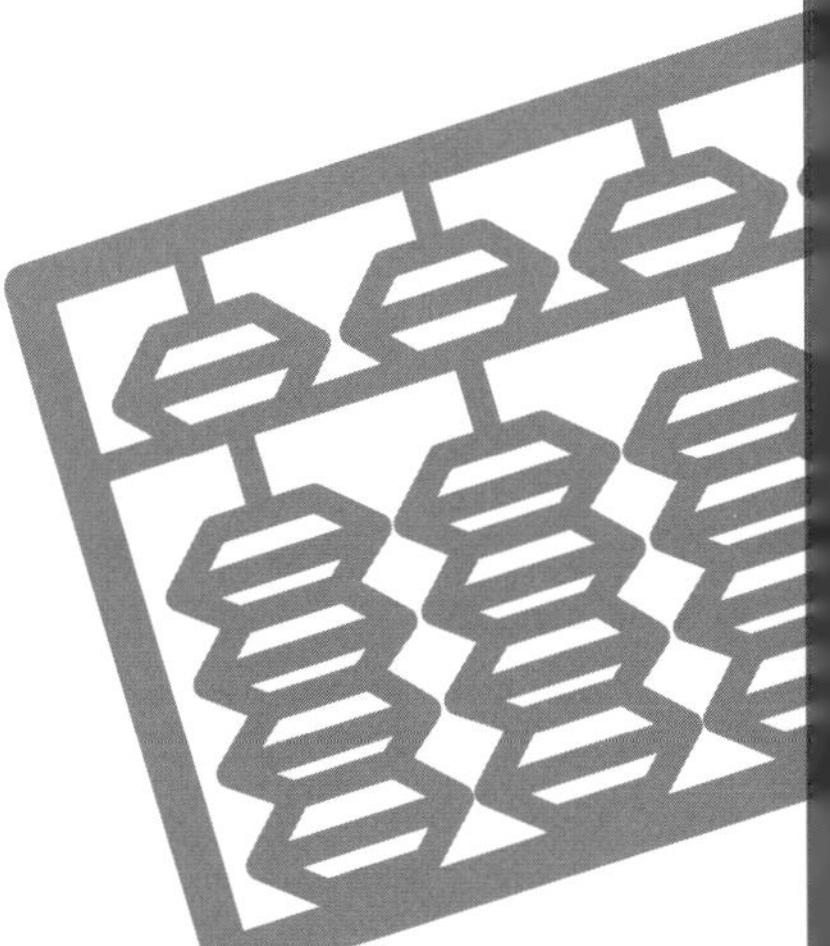

利益を増やす方法

「1両2分の利益を増やす方法……？　それはまたむずかしい質問ですね」

勘助のあまりにストレートな訊き方に、ミキトは思わず苦笑した。

「へっ、まったくだな。そんな方法が本当にあったら、今ごろ仙人様は大金持ちの仲間入りさ」

留さんもミキトに同調する。

飛び込み営業

仕入諸掛のことを考えずに仕入れてしまった反物が届いたのは、商談を終えてからきっかり1か月経ったあとだった。

いよいよ師走《しわす》（12月）。江戸の街は冬を迎えている。

勘助は、１両２分の損失を穴埋めするためのアイデアを外回りの合間に一生懸命考えていたが、なかなかいい方法が思いつかない。

お絹に訊いてみても、「そんな簡単に思いつくわけないじゃない」という調子である。高光がなにか新しいことを始めている様子もない。

そんなわけだから、勘助はわらにもすがる思いで、ミキトに助言を請いにきたのだが、勘助の期待に反して、ミキトにも名案があるわけではないようだ。

「ごめんなさいね。私は商いのことを外からみるのは得意でも、儲ける才覚があるわけではないのですよ」

ミキトは申し訳なさそうに頭を下げた。

「勘助も勘助だぜ。ひと月ずっと考えて、なにも案がないってのは、情けねぇ」

留さんの発言にムッとした勘助は、むきになって反論する。

「なにも考えなかったわけではありませんよ。新しいお客様を増やそうと思って行ったことのないお屋敷に飛び込みで入ったり、値引きはできるだけご勘弁いただいたり……」

「ほほぅ、新しいお客様を増やしたのですか？」

ミキトは感心したように目を細めた。

「え、はい。たった1軒だけですけど……」

「1軒でもたいしたものじゃないですか。新しいお客様が『ゑびす』の着物を気に入ってくれたら、季節ごとに着物を買ってくれるようになりますよ。1両2分はすぐに取り返せないかもしれませんが、長い目でみればとてもいいことです」

ミキトはそう言って勘助をほめたが、勘助は納得していない。

「長い目でみて、ではなく、もっとすぐに解決できる方法は、ないんでしょうか？」

勘助がそう訊くと、留さんが茶化した。

「1ついい方法があるぜ？　お前さんが食べる飯の量を半分にすればいいのさ。そうすりゃ出銭が減るだろ？」

「留さん……、僕は真剣なんです！」

勘助がキッと留さんをにらみつけるのを、ミキトは「まぁまぁ」と言ってなだめる。

「留さんの発想も間違いではないのですよ」

ミキトは紙に短い文を書いた。

利益を増やす方法は２つ
・収益を増やす
・費用を減らす

「当たり前のようですが、大事なことです。商売は、**収益**を得て初めて成り立つものですが、そのためには**費用**が必要になります。**収益から費用を引いたものが利益**、つまり**儲け**になりますから、利益を増やすためには、２つの方法が考えられます。

１つ目が、**収益を増やす**こと。収益の最たる例が『売上』です。売上を増やすのは、収益を増やすための一番単純な方法ですが、たとえばお店のなかにある部屋を賃貸すれば、別の収益を得ることもできますよね。そして２つ目の方法が、**費用を減らす**ことです。食費も確かに、費用ですから、減らせば利益が増えますすね」


「ほらみろ、俺っちが正しいじゃねぇか」

留さんはまだ勘助をからかいたいようだが、勘助は聞こえないふりをした。

「費用って、たとえばどんなものを減らせばいいですか？」

「ひと言で言えば、『ムダな費用』です。反物を仕入れて、仕立てて、納品するまでの間に、たくさんの費用がかかりますよね」

「あぁ、そりゃそうだ」

留さんがうなずく。

「それらの費用が売上を上げるために本当に必要なものなら、それでいいのです。しかし、売上に結びつかない費用があるとしたら……、それはムダな費用ということになりますね。これを削っていくのです」

「やっぱりな、お前は大飯喰らいだから、飯の量を減らせば少しは足しになるのかもしれないぜ？」

しつこくからかう留さんの言葉が、やけに重く胸に残ってしまった。

女将の勘

「勘助、どうした？　腹の具合でも悪いのか」

その日の夕餉の時間、高光は勘助の異変に気づいた。いつもどんぶり飯を3杯食べる勘助が、今日はお代わりをしないのである。

「いえ、なんでもありません……」

「ふむ……、そうか。であれば、あとで私の部屋へきてくれ」

高光は、それだけ言うとさっと膳を離れた。

「女将さん……、お米を買うのにいくらくらいかかるんですか？」

高光がいなくなるのを待って、勘助が小声で尋ねる。

「なんでそんなこと訊くんだい……？　そうねぇ、最近は１升買うのに１００文くらいかねぇ。うちは米屋さんが毎月４斗、届けてくれるのよ」

「……そうなんですか」

「斗」は「升」の10倍の単位だから、「ゑびす」のお米代は月々４、０００文。１両が約8、０００文なので、船賃と同額の１両２分はお米３か月分である。これでは勘助１人が食べるのを控えても、なんの足しにもならなさそうだ。

「ははーん、あんたさては、自分が食べなければ米代が浮くと思ってるんだろ？」

当然、女将は船賃の件を知っている。それに、女の勘は鋭いというが、女将のそれはさらに図抜けている。

「いや、そういうわけでは……」

勘助が口ごもるのを見て、女将はおひつを持って勘助の膳の前に「よいしょ」と置いた。

「いいかい、うちはどんなことがあっても、店の者には腹いっぱい食べてもらうって決めてるのさ。だいたい、今日の分の米はもう炊いちまったんだし、今ここで残されても1文も得しないんだから、つべこべ言わずに食べちまっておくれよ」

女将さんは威勢よくそう言うと、勘助のどんぶりに、勝手にお代わりをよそった。

ツケの回収

「なんだ、ずいぶんかかったじゃないか」

結局、高光の部屋を訪れる前に、勘助はどんぶり飯を3杯、いつもどおりに平らげていた。女将に「炊いた以上は残しても1文も得しない」と言われて安心したのであろう。

「すみません……、急にお腹が空きまして」

「あっはっはっ、いいことじゃないか……。さて、勘助」

高光は早速、本題を切り出した。

「もうすぐ今年も暮れる。ついては、**売掛金**《うりかけきん》を集めて回らねばならない」

「売掛金？」

「**売り上げた代金の『ツケ』**じゃ。ご他聞にもれず、『ゑびす』でも盆と暮れの時期に集めることになっておるのだが、今年はできれば早めに回りたいのだ」

そう言いながら、高光はお茶をすすった。

「早めに？　どうしてでしょうか」

「お前、それを言わせるのか……。先日の船賃を払うためには、できるだけ早めに**資金繰り**の算段をしておきたいのだ」

高光が眉間にしわをよせたので、勘助はあわてて「も、申し訳ありません」と頭を下げた。

「早速だが、明日以降、品物を納めるときに少しでもいいのでツケの回収をしてほしい。出かける前に、売掛金の確認をしてから行くようにな」

「はい、かしこまりました……」

勘助はそう言って、うつむいた。

「どうした、やはり具合が悪いか？」

「いえ、その……、船賃の件ですが……」

高光にとっても1両2分がいまだに悩みの種になっていることを、勘助は申し訳なく思っていた。

しかし、高光の表情は揺るがず、落ち着いていた。

「損失の埋め合わせか……、それならすでに術を考えておる」

「えっ、そうなのですか？」

「あぁ、実は今度新しい品物を取り扱おうかと思っていてな。船賃の件だけでなく、それらを仕入れるためにも、資金は潤沢《じゅんたく》にしておきたい」

「新しい、品物ですか……？」

「さよう。お前にもひと肌脱いでもらう話じゃが……。ともかく今は外回りと、ツケの回収に精を出してほしい。下がってよいぞ」

「は、はい……、失礼します」

勘助は頭を下げて、部屋を出た。

お絹のアイデア

自分の部屋に向かいながら勘助は、思わず、「あー、よかった」とつぶやいていた。

そして、その声を偶然聞いていたのが、すぐ近くの部屋にいるお絹だった。

お絹は自分の部屋のふすまをカラリと開けて、「あら、なにかいいことがあったの？」と勘助に尋ねた。

「あぁ……、1両2分の損のことなんですが、どうやらあれは……」

勘助が事情を話そうとしたら、お絹があわてて口をふさぐ。

「しーっ、その話は大きい声でしちゃダメ！」

勘助は口をもごもごと動かしたが、当然、言葉にならない。

「……あのね、あたい、いいこと思いついたんだ」

お絹はそこまで言うと、ようやく勘助の口から手を放した。

「で、でも今、旦那様が……」

勘助がなんとか口を開いたとたん、今度はお絹は勘助の手をグイっと引っ張って、

「いいから、ちょっとあたいの部屋にきて……。いい、内緒よ？」

強引に自分の部屋へと勘助を引っ張っていった。

無理やり引っ張り込まれ、勘助は窮屈そうに腰を下ろした。親戚とはいえ、女の子の部屋というのはどうも居心地が悪い。


「勘助さん、これ知ってる？」

お絹はそんな勘助にかまうことなく、部屋の隅に置いてあったものをポンと投げてよこした。受け取ると、お手玉だった。

「お手玉……？」

お絹は得意げにうなずき、5つを手に取って器用に投げて遊んだ。

「そうよ。うまいもんでしょ」

勘助はお手玉をしたことがない。華麗なお絹の手つきを見て、「へぇ」と驚いてみせた。お絹は5つのお手玉をうまくキャッチすると、

「わかった……？　これを売るのよ」

声を潜めて、勘助にそう言った。

勘助にはピンとこない。

「もしかして……、今の芸を見せてお金をもらうんですか？」

「バカね、そんなわけないじゃない。**お手玉を作るのよ**」

そう言われて気づいた。このお手玉をよく見ると、きれいな絹や麻の生地などが混じっている。これらはいずれも「ゑびす」で仕入れた生地がもとになっているようだ。

「これって、どうやって作ったんですか……？」

「あら知らないの？　端切れよ、端切れ」

「はぎれ？」


勘助は外回りをして反物を売っているつもりでいるが、実際にはお得意様が買うのは、仕立てたあとの「着物」である。

したがって、生地を着物に仕立てる過程で、生地の切れ端、つまり端切れができるわけだが、それはお得意様には渡さず、「ゑびす」が処分している。

お絹は小さいころからその端切れを使って、裁縫の練習をしていたのだが、やがてこういうお手玉などの小物を作るようになったのだという。呉服屋ならではの英才教育といっていい。

そして、お絹はその端切れで作ったお手玉を、売り出そうと考えているようだ。

「どう？　いいでしょ？　あ……、それだけじゃないのよ。こういうものも売ったらどうかしら？」

そう言って、お絹は巾着袋を取り出して見せた。これなら着物とおそろいでほしがるお客さんもいるかもしれない。

「お手玉っていくらくらいするんですか？」

「そうね……、１つだけ買っても遊べないから、５個で60文ってところかしら。しまっておくための巾着袋もつけてあげるわ。簡単に作れるから」

「ふーん……」

どうやってお手玉を売るか？

確かに、よい案かもしれないと勘助は思った。

１両２分を稼ぐのにはよほどたくさんのお手玉を売らないといけないが、それでも稼がないよりはマシである。なにより、端切れを使うのであれば、材料費がかからない。

「あたい、これからお手玉をたくさん作るの。それでみんなに買ってもらうのよ」

「……でもそれって、どうやって売るんですか？　外回りに売ってもらうんですか？」

「ううん、そんなことする必要ないわ。**店先に置いておけば、通りかかった人たちが買っていってくれるもの。**その場で60文置いていってもらえばいいのよ」

「なるほど……」

それなら外回りの手間もいらない。第一、60文程度の買い物なら、武家以外の町人にも十分手が出るし、わざわざお屋敷を回る必要がないのである。

「ねぇ、明日、おとっつぁんに一緒に頼んでくれない？」

「えっ、僕も？」

「1人より2人で頼んだほうが、いいじゃない。ね？」

結局、勘助は断りきれず、明日の夕餉のあとに2人で高光に直談判することになった。

「じゃあ、また明日。おやすみなさい」

そう言って勘助が部屋を出ようとすると、

「あ、勘助さん……、いい加減、敬語使うのやめてよね。気持ち悪いったらないわ……。第一、あたいまだ15歳よ？　年下を敬うなんて、変だわよ」

お絹の言っていることはとんちんかんで、本当はお絹こそ敬語を使うべきなのだが、勘助は気に留めることなく「わかったよ」と返事をした。

慣れない集金の仕事

次の日、外回りを終えた勘助は、いつもより緊張した面持ちで店に戻ってきた。

「ご苦労だったたな。集金は首尾よくいっているか？」

ちょうど店先に出ていた高光が、勘助に声をかけた。

「はい……、３軒とも快く支払ってくださいました」

「それはなによりだ……。では、帳場で代金を預かろう」

高光は店の奥にある帳場へと勘助を連れて行った。

「3軒で2両3分（88万円）か。いい調子だ。明日からも頼むぞ」

「はい……。お支払いを渋られた場合は、どうしたらよいでしょうか？」

「なんだと？」

高光は怪訝そうに勘助を見つめた。勘助にとっては、まだまだ慣れない集金の仕事である。「お金を払ってください」のひと言を言うだけでも、支払いを渋られはしないかと神経をすり減らしているのだった。


「そうだなぁ、今回はこちらから頼んで早めの支払いを願い出ているのだし、無理に押しきるのはやめておこう。もっとも、『ゑびす』のお客様は付き合いの長いところばかりだし、支払いに難儀することはあるまい」

「そうなんですね、よかった……」

勘助は少し肩の荷が下りた気分だった。

「あぁ、しかしだな……、お前が新たに取りつけてきた1軒のお武家様だが……」

「はい？」


1軒のお武家様というのは、1両2分の損失を取り返そうとして勘助が新規に訪問した得意先のことである。今まで、１両ちょうどの売上が上がっていた。

「あれだけは必ず早めの集金をしてくれ、よいな」

「……わかりました」

勘助には理由はわからなかったが、そういうことなら、明日はそのお武家様を訪ねようと思った。

「ともかく勘助……、よく集金をしてくれた。まだ夕餉には時間があるから、風呂にでも入ってこい……」

高光はそう言って、勘助の肩をポンと叩いた。高光も当面の資金繰りのめどが立ちそうなので、安堵しているようだ。

お手玉の価値

「集金ですか……。それは神経を使う仕事ですね。ご苦労様でした」

風呂屋に行くと、ミキトがそう言ってねぎらってくれた。

「明日からもまたお金集めをしないといけません。同時に注文も取らないといけないので、大変です」

「そうですね。でも、その調子でがんばってください。1両2分（48万円）の損失も、地道に取り返していけそうじゃないですか」

ミキトの言葉を聞いて、勘助は「あっ」と思い出した。

「どうかしましたか？」

「そういえば、お絹さんが……」

勘助は、お絹のアイデアをミキトに話した。

「ほほぅ、それは非常に面白いですね。……**作業くず**というのですが」

「作業くず？」

ミキトはいつものようにメモを書きながら説明をしてくれた。

作業くず……製品を加工する過程で材料から生じるくずのこと

「そうです。反物を着物に仕立てる過程で出てくる端切れは、この作業くずによく似たものだと思います。それ以外にも、たとえば、留さんの大工の仕事でも作業くずは出ていると思いますよ」

ミキトの説明を聞きながら、勘助は留さんの仕事風景を想像していた。確かに、木を切ったり削ったりしていれば、木くずがたくさん出るだろう。

「作業くずは、そのまま廃棄することもあるのですが、場合によっては多少のお金になることがあります。端切れを少し加工して小物を作れば、それは売り物になりますからね」

「ということは……、**収益が増える**んですよね？」

「……そこがね、少しややこしいんですが違うんです」

ミキトはそう言うと、先ほどの説明の下にこう書き加えた。

> 作業くずの評価額（作業くずを売ったあとに手元に残る金額）は、原価から差し引く。
> 評価額＝作業くずの売値－作業くずを加工するための費用

「お手玉は売上に加えるのではなくて、売上原価から差し引くものだと考えてください」

「えっ？　なんでですか？」

勘助にはその意味がわからない。お金が入るのだから、お手玉も反物と同じように売上とすべきではないのか？

「そうだなぁ……、お饅頭《まんじゅう》で考えましょうか。たとえば今、勘助さんがお饅頭を３つ食べたいとしましょう。でも、今、目の前にあるお饅頭屋さんは、５つずつしか売ってくれません。５つで15文だそうです。どうしますか？」

「えっ、15文か……。どうしてもお腹が空いているときは、５つ買って、残り２つは持って帰ってお絹さんに分けてあげる、とかかなぁ」

そう言いながら、勘助はお絹の顔をぼんやりと思い浮かべた。

「勘助さんはお饅頭３つのために、15文を支払ったことになりますよね。でも、それってやっぱりもったいないじゃないですか」

「そうですね、お饅頭２つ分は損をしているので……」

「そこで、勘助さんはお絹さんに、お饅頭を買ってもらうことにしました。いくらでなら売れそうですか？」

「５つで15文ということは、１つ３文ですよね……。でもそんなに払ってくれないだろうな。１つ１文がせいぜいだと思います」

「あははは、お絹さんには強く出られないんですね……。ともかく、2文もらってお饅頭2つを渡すことになったら、勘助さんはお饅頭3つを、13文で買ったことになります」

「……なるほど、端切れも同じように考えればいいんですね？」

「そのとおりです。反物は一反ずつしか買えませんから、どうしても端切れが出てしまう。それがムダな費用とも言えますよね」

「ムダな費用……、そうか」

加工するための費用

勘助は以前ミキトから教わったことを思い出していた。

「それらの費用が売上を上げるために本当に必要なものなら、それでいいのです。しかし、売上に結びつかない費用があるとしたら……、それはムダな費用ということになりますね。これを削っていくのです」

端切れはまさに、売上に結びつかないムダな費用ではないか。

「余分なお饅頭2つを買い取ってもらえば、出費を15文から13文に減らせるわけで

お饅頭と呉服を比べると……

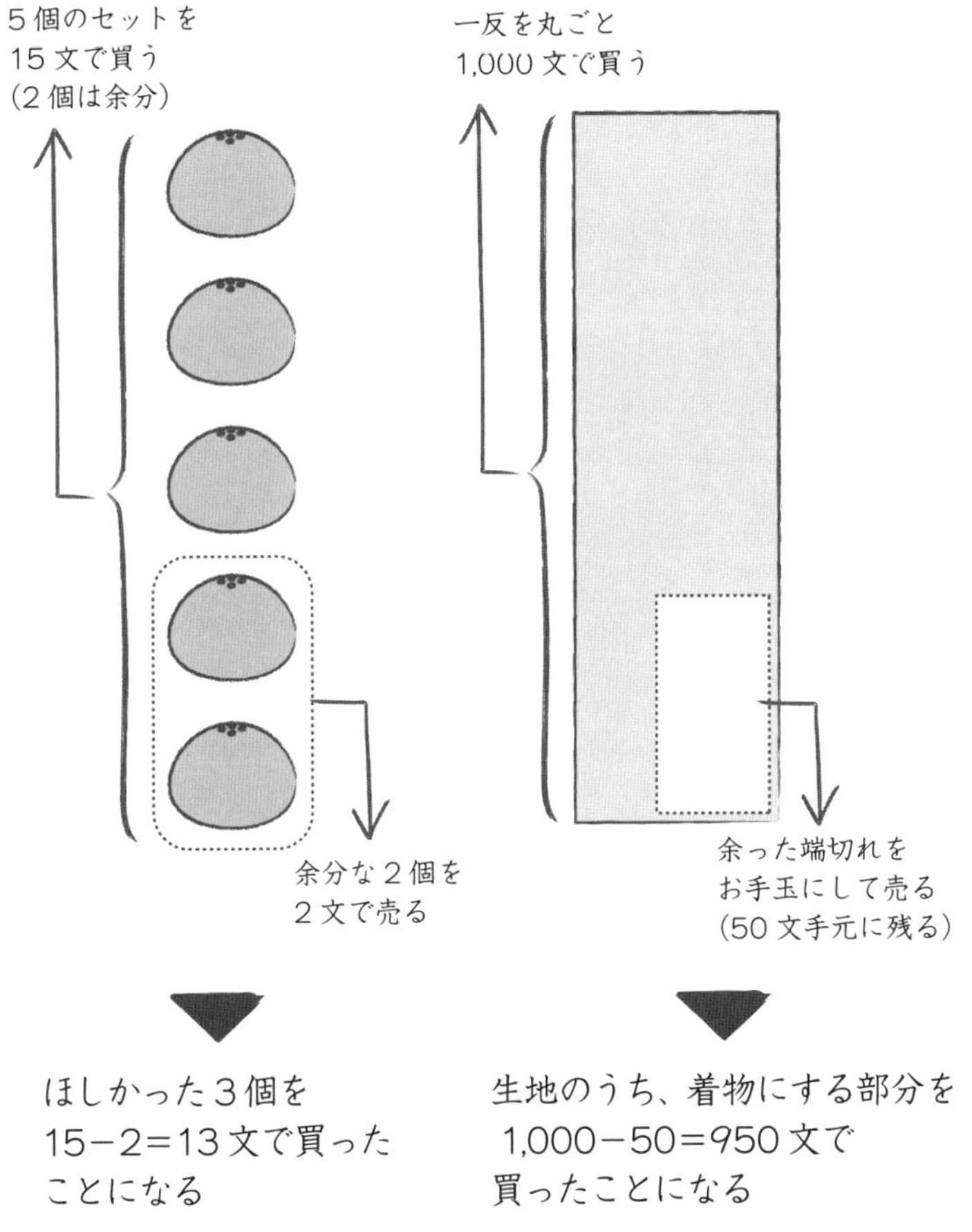
5個のセットを
15文で買う
(2個は余分)
余分な2個を
2文で売る
ほしかった3個を
15−2=13文で買った
ことになる
一反を丸ごと
1,000文で買う
余った端切れを
お手玉にして売る
(50文手元に残る)
生地のうち、着物にする部分を
1,000−50=950文で
買ったことになる

す。同じように、余分な生地……、つまり端切れを売ることができれば、反物の仕入れに必要な費用を減らせる、というふうに考えることができますよね？　だから費用から差し引くんです」

「なるほど……」

勘助は納得した様子でうなずいたが、まだわからない点がある。

「ここに書いてある、『**作業くずを加工するための費用**』っていうのはなんですか？」

「いいところに気がつきましたね。端切れをそのまま売ることができないのであれば、少し手を加える必要があります。たとえば……、端切れをお手玉にするためには、中にアズキをつめる必要があるのではないですか？」

「あぁ、そういえばそうですね」

「お手玉を作るためにアズキを買うということになれば、そのためのお金がかかりますから、それは『作業くずを加工するための費用』です。それから……、本当はお手玉を縫うための手間も費用にふくめるのですが、お絹さんがちょっと作るくらいなら、無視してもよいでしょう」

そこまで言って、再びミキトは筆をとった。

お手玉を作るためにアズキを買うと……

お手玉（５個）の売値	60 文
加工するための費用	10 文
評価額	50 文

「アズキの代金を仮に10文とすると、こうなりますね。50文（2、000円）というと小さい金額のようですが、10組売れば金貨にして1朱（2万円）の費用を減らすことができるわけです。試す価値は十分にあるでしょうね」

そのセリフを聞いて勘助はうれしくなった。

「ということは、旦那様にもお許しをいただけるでしょうか？」

「うーん、それは実際に聞いてみないとわかりませんが、『ゑびす』のためにお2人が考えたのなら、少なくとも叱られることはないでしょう。こわがらずに提案してみるといいですよ」

売掛金の回収へ

その日の夕餉を終えて、勘助とお絹は高光の部屋を訪ね、お絹のアイデアを伝えた。

「ほほぅ、お手玉を売ると?」

「はい、5個を60文で売ります。中につめるアズキは買う必要がありますが、それを差し引いても50文は手元に残ると思います」

「店先を通る人はいっぱいいるでしょ? 目に留まるように工夫すれば、きっと買ってくれるわ」

高光は2人の話をひととおり聞き、しばらく目をつむって考えていたが、

「うむ……、まずは10組作ってみなさい。アズキを買うお金は店の勘定から工面しよう。売れ行きがいいようなら、さらにアズキを買えばよい」

と言った。

「ほんとにいいの?」

お絹は目を輝かせている。

「うむ。すぐに損を穴埋めできるほどではないが、なるほど……、理に適っておる。子どもならではの考えじゃ」

高光は感慨深げにそう答えた。

「うれしい！　あたい、がんばってたくさん作るわ」


２人は意気揚々と部屋を出た。

「ありがとう、勘助さん。おかげで楽しくなりそう」

お絹は今までにないほどまぶしい笑顔をつくって勘助に礼を言った。

「よかったね……。でもこれから、がんばらなくちゃね」

「えぇ、あたい、精一杯やる！」

そう言って、お絹は自分の部屋へと戻った。

勘助も部屋に戻ると、寝床を用意しながら、軽くため息をついた。勘助は、お絹のアイデアが受け容れられたことをうれしく思う反面、少し寂しくも感じていた。

「いいなぁ、お絹さん」

高光がお絹に見せた表情が、自分に対して向けられたことのない、優しいものだったことが、勘助の気持ちを沈ませていた。お絹の才覚が芽生え始めたことを、高光は心底喜んでいる。

勘助にも、自分が成長していることを、高光に喜んでもらいたいという想いがあった。江戸に出てきてから1年近くがたつ。おっちょこちょいを繰り返しながらも、勘助は必死にがんばってきた。そのことを、高光は認めてくれているのだろうか？

「僕だって、僕だって……」

寝床にもぐりこむと、勘助はそう何度もつぶやいた。

「僕だって、「ゑびす」の損失を穴埋めするためになにもしていないわけではないんだ。現に、新規の得意先を開拓したではないか……」

勘助は布団の中で、「まずは明日の売掛金の回収を無事に終わらせることだ、そうすれば旦那様はほめてくれるかもしれない」と考えた。

新規の得意先の回収へ

次の日の江戸の街は、どんよりとした曇り空に包まれていた。勘助は外回りをしながら、売掛金の回収を併せて行なっている。

「あら、今年はずいぶん早いのね」

「すみません……、お得意様が増えてきていますので、少し早めに回収を始めているのです」

「へぇ、景気のいい話ね。いいわよ、いくらになるかしら？」

たいていの武家はこういってすんなりと売掛金を支払ってくれる。最初は緊張していた勘助も、少しずつ回収に慣れつつあった。

「あとは……、例の家だな」

勘助が次に向かうのは、自身が新規に開拓した得意先である。２か月足らずで１両もの買い物をしてくれ、損失の穴埋めに貢献してくれている。ここの売掛金をしっかりと回収すれば、高光も喜んでくれるだろうと勘助は思っていた。

「ごめんくださーい」

返事がない。勘助は門の中に入って改めて声を上げた。

「ごめんくださーい、どなたかいらっしゃいませんか？」

何度声をかけても、主人や妻はおろか、使用人もいない。普通の武家屋敷では誰もいないことは珍しい。

「どうしたんだろう……」

勘助が不安に駆られながら外に出ると、ちょうどそこを、桶を担いだ魚屋が通りかかった。この人ならなにか知っているかもしれない。


「すみません、ここのお屋敷の方は……？」

と尋ねると、魚屋は驚くべきことをさらりと口にした。

「あぁ、ここのお侍さんは大坂に戻られたよ」

「えっ？　大坂？」

「年が明けたら向こうでお勤めになるんだそうだ……。どうかしたかい？」

「あの……、実は……」

勘助が事情を話すと、

「ふーん、着物を頼めるだけ頼んで、ドロンしたわけか。あんたには気の毒だなぁ」

魚屋はいったんは気の毒がってくれたが、

「でも前々から赴任の話はあったみたいだぜ？　あんた調べなかったのかい？」

と言われると、勘助は口ごもった。

「そ、それは……、調べませんでした」

「そりゃいけねぇ。お侍さんといっても、いろいろいるからな。気をつけねぇと。じゃ、俺はこれで」

魚屋はそう言って、打ちひしがれている勘助を置いて走り去っていった。

勘助、再び損を出す

「なんだと？　大坂へ行ってしまった……？」

勘助は失意のまま屋敷に戻ると、高光に事情を話した。話を聞いた高光も動揺を隠せない。

「お武家様だと聞いて油断しておった。素性を調べておくべきだったな……」

顔をしかめる高光を見て、とっさに勘助は、

「ぼ、僕……、大坂まで追いかけてきます！」

と申し出たが、高光は首を振った。

「ダメだ。売掛金は1両であろう？　大坂まで行って戻るだけで、それくらいの路銀（旅費）がかかってしまう。それにその間の外回りがいなくなれば商いの機会を逸することになる。追いかけるほうが損なのだ」

当時は江戸から大坂まで行くのに半月もかかった。


「ということは、……僕はまた損失を出してしまったのでしょうか？」

「……まぁ、一応はそういうことになるが……」と高光があいまいにうなずいたので、勘助はあわてて、「申し訳ありません、大事なときに」と詫びたが、高光は「なに、この件もまた、私が目利きを誤ったせいだ。気にするな」と勘助をなだめ、「ほれ、夕餉の前に風呂を済ませてこい」と勘助を送り出した。


いつもなら風呂屋へと駆け出す勘助が、今日はとぼとぼと歩いていく。高光はその後ろ姿を見ながら、

「合わせて2両2分（80万円）の損か……。少し早いが、あの手を使おう」

誰に言うともなく、そうつぶやいた。

勘助に足りなかったもの

「ほぇー、お前は相変わらず、やらかすときはひでぇもんだな」

風呂屋には留さんとミキトがいた。

留さんは歯に衣着せぬ言い方で勘助を落ち込ませたが、ミキトはあくまで優しく、

「まぁまぁ、これもまた商いの勉強になったと思えばいいじゃないですか」

となぐさめた。

与信管理のやり方

「僕……、必死だったんです。1両2分の損をなんとか取り戻したくて……」

「その考えはとても立派です。ただ、勘助さんに足りなかったのは、**与信管理《よしんかんり》の考え方**です」

「よしん、かんり?」

ミキトは紙に文字を書いていく。

『ゑびす』の商売の流れを、ものの視点から書くとこうなります。反物を仕入れて、それを着物にして、売る。売掛金を回収する……」

「そうですね」

「今回、勘助さんは最後の段階で失敗をしてしまったわけですが、これはまったく防げないわけではないのです」

「旦那様もおっしゃっていました。素性を調べるとか……」

「そうですね。**特に新規のお得意様の場合は、その人がお金をちゃんと払ってくれるか、見当をつける必要があります。**『ゑびす』の場合はお武家様がお得意先の大半を占めていますし、長い付き合いのあるところがほとんどですから、こういう段取りは旦那様も気づかなかったのかもしれません」

「でもよ、素性なんてなかなかわからないもんだぜ? どうやって調べるんだ?」

「いろいろありますが、やはり聞き込みをするのが一番でしょうね。お武家様の屋敷に出入りしている人はたくさんいるはずです。着物だけじゃなく、食糧を売っている人もいるでしょう。そういう情報を活かすのです」

商売の流れ

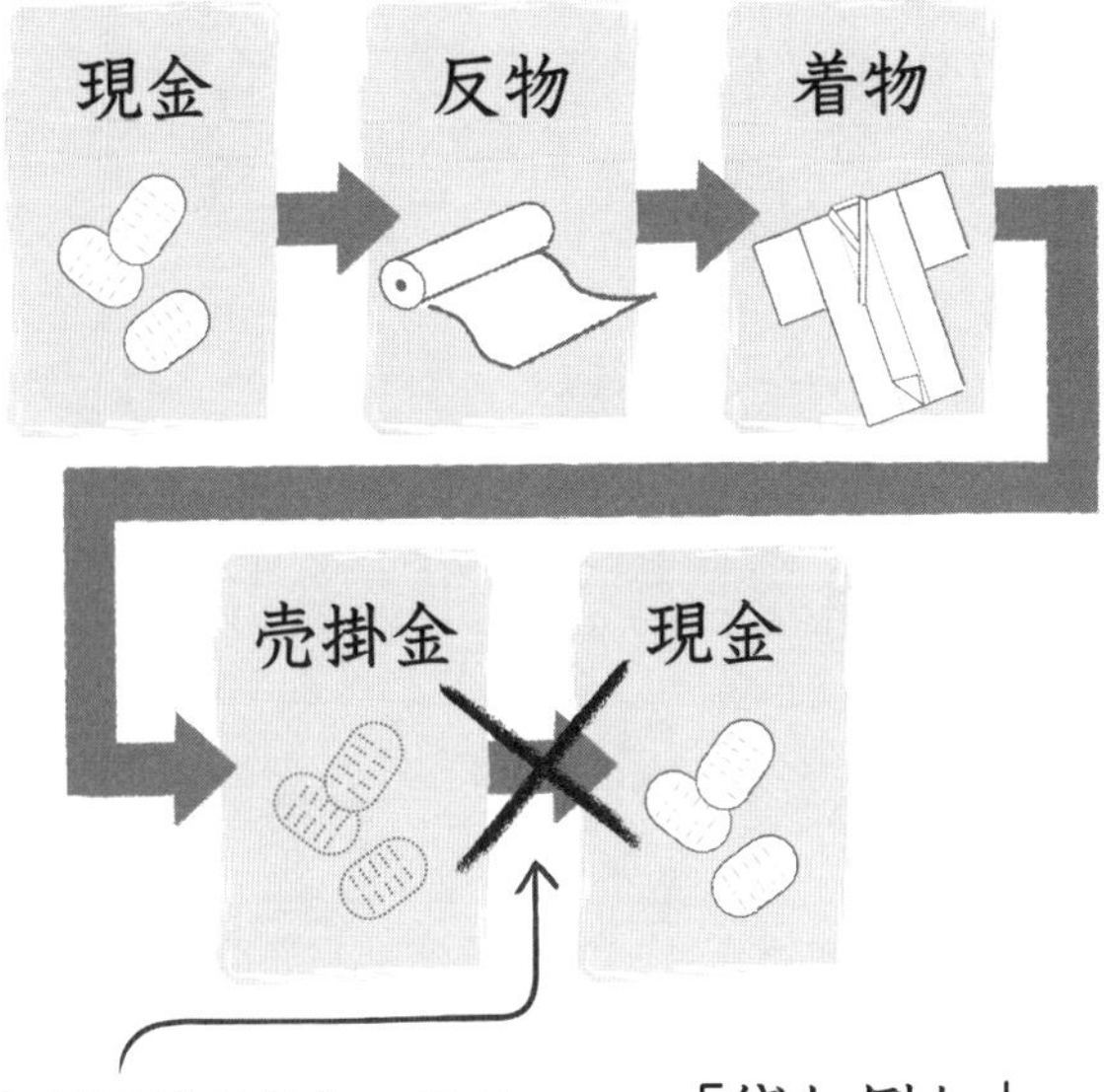

売掛金が回収できないこと……　「貸し倒れ」

貸し倒れを防ぐために必要なこと……　「与信管理」

たとえば、

- 新しいお得意様の素性を調べて、怪しい人でないことを確かめる
- ほかのお得意様に保証人になってもらい、万一のときは代金を肩代わりしてもらう
- 先に代金の全部、または一部をもらっておく

勘助はあのとき出会った魚屋のことを思い出していた。

「それ以外には、たとえば**お得意様からの紹介客だけと取引をするという方法**もあります。身元のしっかりしたお得意様なら、ちゃんとした知り合いを紹介してくれるはずですからね。**貸し倒れ**の心配も少なくなります」

「なるほどねぇ……」

留さんは感心した様子でうなずいていたが、ふと思いついたように言った。

「でも、いっそのこと掛売りじゃなくて、その場でお金をもらっちまえばいいんだろ？」

ミキトは「まぁ、そうですね」とうなずいたが、

「しかし『ゑびす』で売っている着物は高価なものが多いですから、お金のやり取りの回数が増えると大変なこともありますね。外回りさんが持ち逃げをしてしまうかもしれませんし、道中で財布をひったくられることもあるかもしれません」

と返した。

留さんは辛気臭そうな顔をして、

「ふーん……、世知辛ぇ世の中になっちまったもんだな」

と言った。

「ともかく、勘助さん。今回のことはこれ以上気にしないことです。長い目でみれば、1両や2両の損は大きなものではないのですから」

「で、でも……」

勘助は、それでも落ち込まざるを得ない。なにせ、損失の穴埋めをするつもりが、かえって傷口を広げてしまったのである。

「今回のことを旦那様はきつく叱らなかったのでしょう？　それはあなたが果敢に新しいことに取り組んでいたからです。その姿勢をなくしてはいけません。もちろん失敗することもありますが、それを恐れていては商いを大きくすることは、できないのです」

ミキトは少し強い口調で勘助にアドバイスした。

「……わかりました」

勘助は、唇をグッと噛んだ。

高光の話

店に戻ると、夕餉の支度が整っていた。膳の前に座ると、待ちかまえていたようにお絹が話しかけてきた。

「勘助さん、聞いて？　今日、お手玉5組も作ったの。明日も5組作れれば、あさってから商売を始められるわ」

「そうなんだ……」

勘助は心ここにあらずといった感じで返事をしたが、お絹は目を輝かせている。

「それとね、これも書いたの。店先に貼れば知ってもらえるでしょ？」

お絹は懐から半紙を取り出した。そこには「お手玉　5個60文」と書いてあるが、あまりうまい字ではない。

それを横目に見た女将は苦笑いをして、

「お絹はまじめにお習字やらなかったからねぇ……」

と言った。

「いいじゃない、ねぇ、おとっつぁん」

お絹は父親に同意を求めたが、「これ、食事中にそんなものを出すな」と言われて、仕方なく半紙を収めた。

「勘助……、食べ終わったら部屋にきてくれるか。頼みたいことがあるのだ」

「え……？　は、はい」

勘助が返事をすると、高光はうん、とうなずいて膳を離れ、自室へと戻っていく。

「なんだろう……」

ぽつりと不安げにつぶやく勘助を見た女将が、

「そんな辛気臭い顔してちゃ、こっちまでご飯がまずくなるよ……。大丈夫だよ、悪い話じゃないから、安心なさい」

と言って、ニッコリと笑った。

勘助は、ますますわけがわからなくなったが、食事を終えて高光のもとに行ったとき、その意味をようやく理解した。

高光は勘助を正面に座らせると早速、本題を切り出した。

「勘助、正月が明けたら、一度、松坂に帰ってこい」

「えっ？　いいんですか？」

勘助の顔がぱっと明るくなった。実の両親とはもう1年以上会っていない。

「いいもなにも、これも仕事のうちじゃ……。実は少し買い付けてきてほしいものがあってな」

「買い付け……、ですか？」

「うむ。松坂木綿じゃ……。『ゑびす』では扱っていなかったが、春ごろから売り始めようと思ってな」

「もしかして、それが……？」

「うむ。損を埋め合わせるための策じゃ。……お前とお絹の工夫を見て思いついた」

「えっ？　どういうことですか？」と聞き返したが、高光はそれ以上言わず、

「どの店で買い付けるべきかはこちらも見当がつかぬ。お前のお父上・吉高《よしたか》殿に便りを書いておくから、それを持ってゆけ。よしなにしてくれるだろうから」

「……わかりました！」

勘助は元気よく返事をした。高光は、失敗を重ね元気をなくしていた勘助のために、あえて早めにこの話をしたのだった。

「残りの売掛も、精を出して回収してくるようにな」

「はい！」

解説

与信を誤ると大変

友人同士で、少しだけお金を貸し借りした経験は、誰にでもあると思います。筆者も勘助に似たおっちょこちょいのため、よく財布を忘れて昼食代を立て替えてもらうということがあります。

友人の「お金貸してくれる？」という頼みであれば、少しくらいなら快くお金を貸すこともあるでしょうが、たとえばそれが、通りすがりの見知らぬ人からのお願いだったらどうでしょう？

ほとんどの人が「貸しません」と答えると思います。理由は簡単で、「返してくれるという確信がないから」。もっと思いきった言葉を使うなら、その人が「信用できないから」ということになると思います。

勘助は、初めての取引先であるにもかかわらず、その人が信用できるかどうかを見極めずに反物を売り、代金をツケにしてしまいました。そして、貸し倒れを起こしてしまうという残念な結果になりました。商売の世界でも、相手の信用力を推し量るのはとても大事なことなのです。

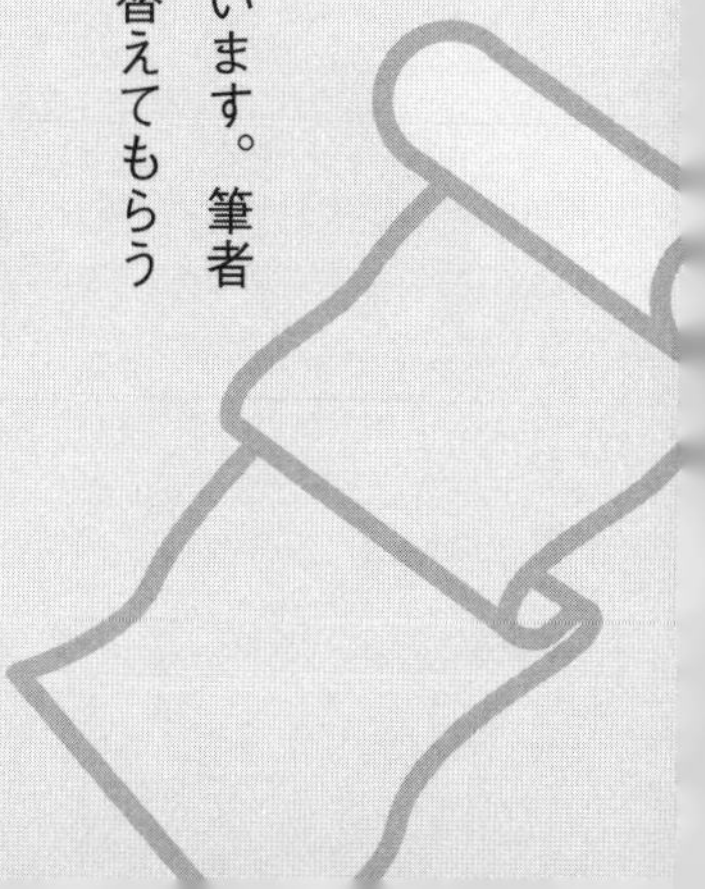

お金を貸したり、あるいは売掛金のように支払いをしばらく待ってあげることにしたりといった行為を、信用を与えるという言葉で「**与信**」といいます。本章で登場した「**与信管理**」という言葉は、取引先ごとに与信の度合いを決め、それに応じた取引の条件を考えることを指します。

「ゑびす」は付き合いの長い得意先を中心に取引を続けていたため、与信管理の考え方が根づいていなかったようです。たとえば、勘助が新しい得意先をみつけてきた場合、その取引先の家柄や家禄（収入）、持っている財産などを調査して、ツケをいくらまで認めるのかの見当をつけることが必要になります。

もっとも、当時の社会でこのような調査がどこまでできたかは疑問が残ります。そこで、たとえばその取引先と親しいほかの得意先から保証してもらって、万一のときには代金を肩代わりしてもらう約束を取りつけておくことも考えられます。金融機関からお金を借りるときに立てる保証人に似たものです。

調査してもその取引先の素性がつかめず、なおかつ保証人も見つからないような場合でも、商売がまったくできないわけではありません。たとえば、ツケではなく現金をその場で払ってもらうことにすれば、貸し倒れは防げます。

第4章

勘助は「原価のしくみ」を知った

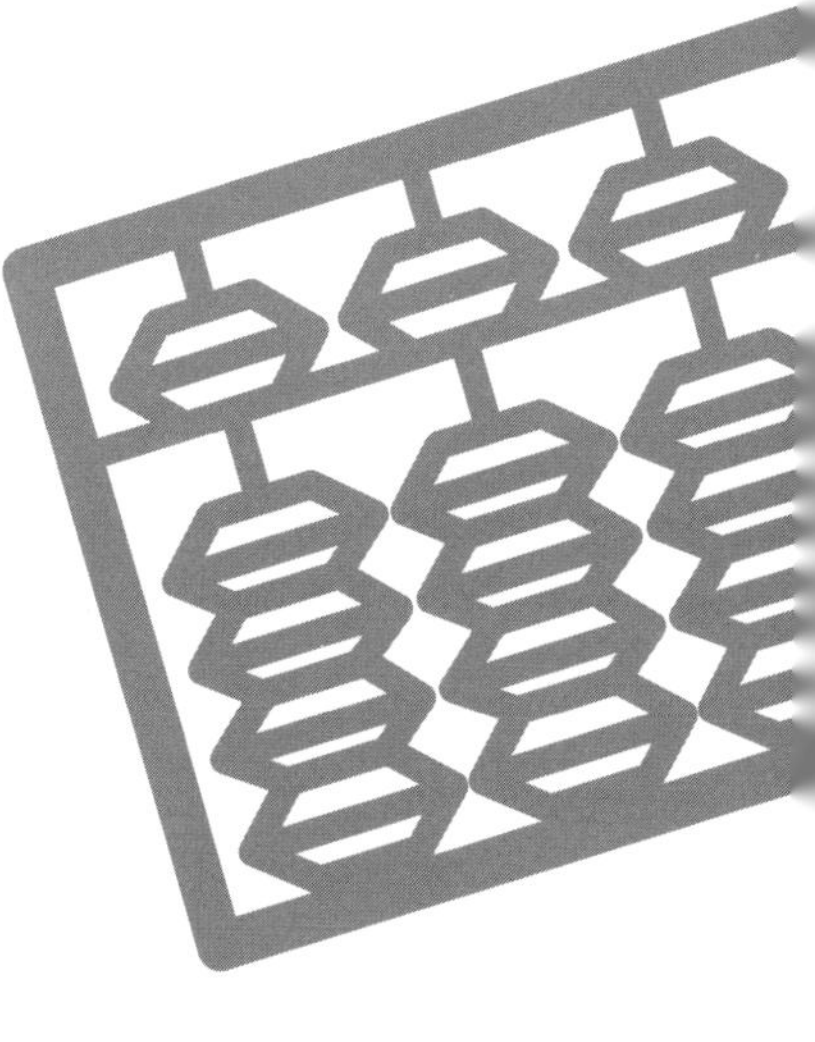

松坂に到着

道中の景色が、少しずつ見覚えのあるものに変わっていくにつれ、勘助の足取りは軽くなっていた。

「お坊っちゃん、あと8里も歩けば松坂です。この分だと夕方には着きそうですね」

「うれしいです……。やっと帰ってこれた」

そう言って励ましてくれるのは、外回りで勘助を指導してくれた福太郎である。福太郎は道中の用心棒として、また買い付けの目利きを手伝う係として、勘助の帰省に同行していた。

松坂木綿

旅立つ前の晩、勘助は高光から旅の目的の詳細を聞かされた。

「勘助、先日も話したとおり、『ゑびす』では春から松坂木綿を売ろうと思う。ついては、勘助には買い付けを頼みたい」

高光が切り出した話は、すでに昨年の暮れに聞いていたことであった。それに、買い付け自体も問屋を相手にやったことがあったから、勘助は自信満々といった様子で答える。

「えぇ、心得ています。品物の目利きをすればいいのですよね？　お任せください」

「……待て、早まるでない。今回は事情が違うのだ」

高光はそう言って勘助を制しながら、「やれやれ、まだまだこいつはおっちょこちょいだな……」と感じていた。

「よく聞くのだぞ？　そもそも、今まで私たちが仕入れていた反物と今回の木綿とは、似ているようでまったく違うのだ……」

高光は１つひとつ説明を始めた。

個別生産と大量生産

呉服で使われる生地は、職人が一反ずつ丹精こめて作っていく。選ぶ生糸《きいと》や織り方によって色柄が変わっていくため、1つひとつがいわば「作品」。完全な**「個別生産」**の製品である。

だから、買い付けのときも1品ずつを目利きしながら選んでいく必要があるし、材料が違えば職人の腕も違うから、反物の値段も1つひとつ異なる。

しかし、今回買い付ける松坂木綿は白い生糸をある程度均一に藍染《あいぞめ》にし、何名もの職人が同じ織り方をして仕上げるから、同種のものがいくつも作られる。いわば**「大量生産」**に近い製品である。

したがって、買い付けは一着ずつではなく、ある程度の分量をまとめて買い込むことになる。

それに、今回は安価な浴衣として売ることが想定されるため、反物としてではなく、出来合いの浴衣を買い付けてしまうほうが都合がよい。

「して、そなたにまとめてほしいのは、毎月40着を江戸まで届けてもらうという、今後ずっと続く息の長い商談なのじゃ」

「40着ですか……？」

「さよう。売れ行きがよければさらに増やすつもりだが、さしあたってはそのくらいでよいだろう。そうだな……、40着を５両（１６０万円）で仕入れられれば、儲けを出すことができるはずだ」

「旦那様、船賃をふくめて、５両ですよね？」

勘助は念のため訊いておいた。もとはといえば、勘助が仕入値に船賃がふくまれることを知らなかったがために、１両２分（48万円）の損失が出ているのだった。

「うむ。船賃も調べたうえで、仕入値の交渉をしてきてほしい」

「わかりました」

勘助が返事をすると、高光は、

「まぁ、おぬし１人ではちと心配だが、福太郎もついて行かせるし、お国のお父上もいることだから大丈夫だろう」

そんなことをつぶやきながら、たんすから布の袋を取り出して勘助に渡した。

袋を持つと、ちょっとした重さがあり、ゆすってみるとジャラジャラと音を立てる。中をのぞくと、さまざまな形をした小銭が光沢を放っている。いずれも江戸の街では見かけないものばかりだ。

「松坂生まれのお前なら見たこともあろう。銀貨60匁《もんめ》（32万円）じゃ。あちらでは金貨ではなく、銀貨が出回っておるからな」

江戸時代の日本では、主に江戸や関東のほうでは金貨が、大坂をはじめ関西では銀貨が使われる傾向にあった。

それ以外にも、大衆が普段の買い物などに使う「銭貨」なるものもあるから、当時の日本には3つの貨幣が併用されていたことになる。

さらにややこしいことに、金貨が「計数貨幣」であるのに対し銀貨は「秤量《ひょうりょう》貨幣」。つまり大判小判が何枚、といった貨幣の枚数ではなく、重さを量ることによって金額を計算していたのである。高光が言っていた「60匁」という単位も、重さを表わすものである。

ちなみに、現代流通している五円玉の重さが、3・75グラム。これがちょうど1匁である。

この秤量貨幣のせいで、関西ではどの商店にも必ず秤が置いてあり、いちいち計量しないと支払ができない。しかも、贋《にせ》の銀貨を作って重さをごまかす輩も出てきかねないから、その吟味をする必要もあり、金貨と銀貨の両替などは非常に手間のかかる作業だった。

さて、話を戻そう。高光は松坂に向かう勘助のために、道中で必要になる銀貨を用意したのである。

「それは路銀に当てるためのものだ。大事に使うようにな」

高光の話を聞きながら、勘助は銀貨を１つだけ袋から取り出すと、珍しげに手のひらで転がした。豆板銀《まめいたぎん》という、いびつな形をした不思議な貨幣だ。

高光の予想とは異なり、松坂にいたころは商売の手伝いをまったくしなかった勘助にとって、銀貨に触れるのは初めてに近かった。

「ともかく勘助、道中気をつけてな」

高光がそう言うと、勘助はかしこまって、

「ありがとうございます。行ってまいります」

と頭を下げた。

木綿の浴衣ができるまでの工程

松坂に着いたのは、江戸を出て15日目であった。松坂にある三友家の屋敷は江戸の「ゑびす」とは比べ物にならないほどの大きさで、福太郎は思わず「ほぉ〜！」と驚きの声を上げた。

「お坊っちゃんは、……本当にお坊っちゃんなんですねえ」

「あははは、おかしな言い方ですね」

笑いながら、勘助は久しぶりに門をくぐり、「ただいま戻りました」と声を上げた。

ほどなくすると、父の吉高が姿を現わした。

「おぉ、勘助……、たくましくなりおって」

吉高は顔をほころばせてそう言うと、勘助も思わず胸が熱くなった。

「父上も、お元気そうでなによりです」

「うむ……、さぁ、早速、夕餉にしようじゃないか」

その日、勘助は久しぶりに両親と水入らずのときを過ごした。

木綿の浴衣の制作工程

次の日から、早速、取引が始まった。

「あぁ、三友のお坊ちゃま。しばらく見ないうちに大きゅうなられたなぁ」

木綿工場《こうば》の主人は勘助を見るなり、目を細めて微笑んだ。主人いわく、近所を歩いている勘助をたびたび見ていたのだというが、勘助はあまり覚えていなかった。

「すまんが勘助にひととおりの工程を見せてやってくれないか」

「えっ？　父上、そうではなくて、今日は取引をしに来たのです」

吉高は笑って勘助の肩を叩いた。

「取引の前に、まずは木綿のことを知ることだ……。それができなければ商いにならんからな。しっかり学びなさい」

吉高はそう言って、自分は用があるからと帰っていった。

「さ、お坊ちゃま、参りましょ」

きょとんとする勘助を促すようにして、主人は工場を順に案内してくれた。

工場といっても普通の家屋を広くしたようなつくりである。土間はいくつかの区画に分かれ、機械や材料が置かれた作業場が設けられていて、全部で10名ほどの職人がいる。仕事柄、女性のほうが多い。

みな黙々と作業をしているが、たまになにかを打ち合わせたり、昼時になれば女性の職人同士の会話が聞こえてくる。

主人が丁寧に工程の説明をしてくれるのはありがたいが、おかげでなかなか先に進まず、結局、最後の工程を見終わるまでに半日かかった。

主人の話によると木綿の浴衣ができるまでには、大きく４つの工程がある。

【工程１：糸を染める】

仕入れてきた木綿の生糸を、藍《あい》で染めていく工程。煮沸《しゃふつ》して汚れを取り除いた生糸を藍の液にくぐらせ、しばらくしたら引き上げ、竹の棒を使ってぎゅっと絞る。その後、中庭で天日干しにする。この作業を繰り返すことによって色を重ね、狙いどおりの色を作っていく。

勘助も手伝ってみたが、藍の液を吸った生糸はズシリと重い。染めは力のいる作業であり、この工程だけは男性が担当していた。

【工程2：糸の長さをそろえ、取りつける】

糸を1つの織物にするためには、言うまでもなくたくさんの糸が必要である。しかもそれは柄に合わせた色の糸でなければならないし、長さもそろっていないといけない。

染めた糸を木枠に巻きつけ、織り機に取りつける。この作業は、次の工程の準備作業として必要不可欠なだけでなく、縞《しま》模様のパターンを決定づける部分であるため、とても重要である。

【工程3：織る】

織り機を使って織る。織り機といっても当然、自動ではなく、手足で動かすものだ。縦糸が上段・下段交互に並んでいる合間に、「杼《ひ》」というシャトルに巻きつけられた横糸をとおし、「筬《おさ》」という木の板のようなもので、横糸を寄せていく……、という作業をいちいちやっていかなければいけない。雑にやれば当然、目の粗い織物になるから、気が抜けない。

木綿の浴衣ができるまで

工程１

糸を染める

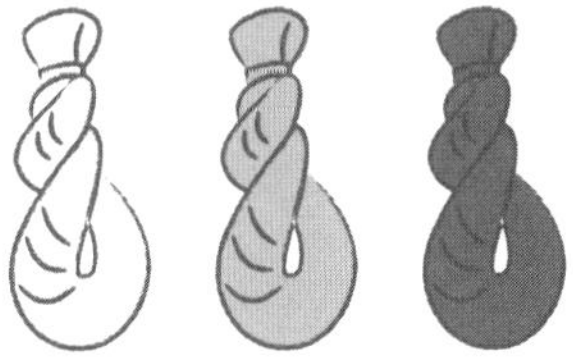

工程２

糸の長さをそろえ、
取りつける

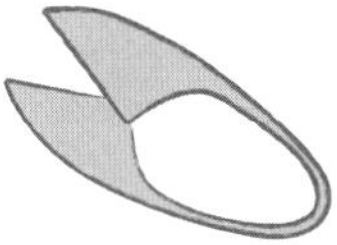

工程３

織る

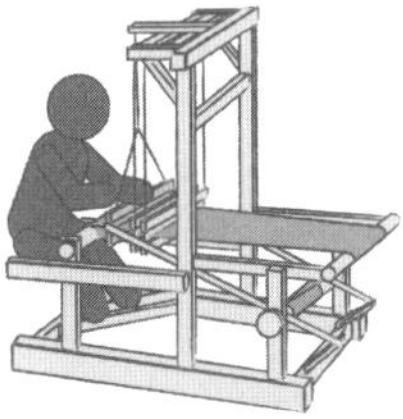

工程４

浴衣を仕上げる

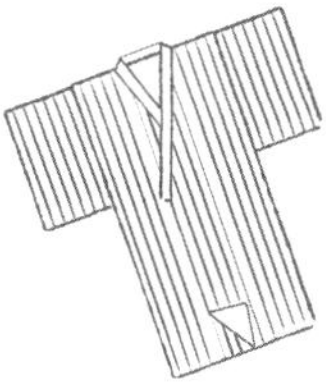

この工場には織り機が3台あり、2台が動いていた。残りの1つ、つまり動いていない織り機の前で暇そうに立っているおばさんが勘助を見つけると、「いらっしゃい」と声をかけてくれた。勘助は会釈を返した。

「江戸からいらしたんですって？　口に合うかわからないけど……」

そう言って、女性は勘助に、余っていたせんべいを数枚くれた。

【工程4：浴衣を仕上げる】

最後に織物を浴衣の形に縫い上げていく。この工程は「ゑびす」の仕立てとまったく同じである。

この工場では今でいう分業制が敷かれているようで、職人たちは基本的に各工程に専念しているようであった。

浴衣一着の元値は？

「いかがですか、お坊ちゃま」

主人に訊かれた勘助は、その手間ひまの多さに驚かされるばかりだった。

「生地を作る作業がこんなに大変だとは思いませんでした……。粋な縞の柄は、丁寧な仕事があってこそのものなんですね」

素直に感想を述べると、主人は顔をくしゃくしゃにして喜んだ。

「そう言っていただけると、うれしいわぁ。実際、松坂木綿はとても評判がいいので、大坂の問屋を通じて関西各地に売られていますのや」

ここで作られた木綿は、いったん問屋が買い取り、さらにそれが各地の商人に売られて、ようやく町人の手に渡るそうだ。

「これって……、浴衣にすると一着いくらくらいするのでしょうか？」

勘助も商人として徐々に経験を積んでいるからか、どうしても金額のことが気になってしまう。

「うちはずーっと、問屋はんには一着あたり銀４匁（２万４、０００円）で買っていただいています」

「４匁、ですか……」

４匁といえば、１両（32万円）の約15分の１の価値である。少し誤差はあるが、１両の16分の１である１朱（２万円）とほぼ等価といってよい。

「40着を5両で買おうとした場合、一着あたりの仕入値は……」、勘助が頭のなかでそんなふうに両替計算を行なっていると、主人が声をかけてきた。

「ところでお坊っちゃん、**浴衣一着の元値がいくらだか、想像がつきますかな?**」

「え、元値……、というと、**仕入値**のことですよね……? あれ?」

勘助は、ふと困ってしまった。仕方のないことではある。

「ゑびす」では、原価といえば反物をいくらで仕入れたか、そして、それをいくらで仕立てたか? ということであった。

しかし今回の場合はどうだろう。主人の言うとおり、この工場が仕入れているものといえば、生糸と藍の液であるが、それをそのまま売るわけではないし、大がかりな設備も、手間ひまもかかっている。

このような状態では、いったい、元値をどうやって計算するのだろうか?

「よし、せっかくの機会だ。詳しく教えてしんぜましょ……」

主人は勘助を奥の間に座らせて茶を用意すると、**原価の計算**の仕方を教えてくれた。

【①材料費】

まずは生糸と藍液の**仕入値**が原価の一部を構成する。現代ではこれを「**材料費**」と呼ぶ。糸の金額を１本ずつ数えていくときりがないが、１か月あたりの材料費は、生糸が２００匁、藍液が１５０匁だという。

【②労務費】

その生糸を藍液にくぐらせて乾燥させ、糸をそろえて織るまでの間、常に職人が手を動かしている。彼らが作業をしている時間に相当する**人件費**も、原価に加算されなければならない。これが「**労務費**」である。この工場では10人の職人が働いていて、月々の人件費は全部で３５０匁である。

【③経費】

これ以外に、生糸を煮沸するために使った薪《たきぎ》や、天日干しにするために使った竿竹《さおだけ》など、こまごまとした費用がかかっている。これらは「**経費**」として計上される。

経費の内訳としてもう１つ忘れてはいけないのが、「**減価償却費**」だ。減価償却費自体は江戸でミキトに教わっていたが、工場でも建物や織り機など、長年にわたって使用される資産は、購入にかかった金額を使用する年数にわたって費用にしていき、経費にふくめて計上される。

これらを合わせて、だいたい月々100匁くらいが支出されるそうだ。

ちなみに余談だが、現代では機械だけでなく、ソフトウェアなどの「無形固定資産」についても減価償却を行なう必要がある。


「そうすると、1か月にかかる費用は全部で800匁ですね……。それで浴衣はどれくらい作られるのですか?」

「そうですねぇ、職人が目いっぱいがんばっても、一日に織れるのはせいぜい3反か4反というところですなぁ」

この工場には織り機は3台あるから、仕上げまでの工程をふくめれば、一日に10着、1か月でざっと200着ほどが生産されていることになる。200着で800匁だから、一着あたりは4匁。


「あれ……?」

「お気づきですか、お坊っちゃま」

原価の計算の仕方

	内容	金額
材料費	物品を消費することで発生する費用 （生糸・藍液など）	350匁 （186万円）
労務費	労働力を消費することで発生する費用 （職人の人件費）	350匁 （186万円）
経費	その他の費用 （薪や竿竹、減価償却費）	100匁 （53万円）
合計		800匁 （425万円）

先ほど主人はこう言っていたはずだ。

「うちはずーっと、問屋はんには一着あたり銀4匁で買っていただいています」

つまり、元値と売値がまったく同じなのだ。これでは儲けが出ない。

「どうして、こんなことになるんでしょうか？」

勘助は主人に尋ねたが、主人は力なく笑った。

「問屋はんが一方的に仕入値を決めていきますからなぁ……。私たちはこうやって仕事がもらえるだけで、ありがたいと思わなあきまへん」

勘助は、改めて生地を手に取ってみた。呉服のような高級感のある素材ではないが、非常にやわらかく触り心地がいい。町人だけでなく、たとえばお武家様でも、邸内でくつろぐにはうってつけの代物だろうと思われた。

好条件の取引

「ところで……、江戸ではうちとの商いは、どんな感じに考えてますのやろ？」

冷めた茶をすすりながら、主人は勘助に尋ねた。

「実は……、月々40着を、船賃込みで5両以内で仕入れさせてほしいと思っています」

「ふむ……、船賃を除けば4両ということでっか……。そうすると一着あたり6匁ですな」

この主人は頭のなかでたちどころに為替計算を行なった。

「これやと、今、問屋さんに卸している値段よりずっと高くなりますなぁ」

「ええ、そうです。その値段で江戸に届けてもらえませんか？　月に40着ですから、この工場には月々80匁の儲けになります……。悪い話ではないと思うのですが、いかがでしょうか」

普通に考えれば、断る道理のない話だろうと思われたが、意外にも主人は首を横に振った。

「ありがたい話ですが、無理ですな……」

勘助は驚いて訊き返した。

「えっ、どうしてですか？」

「見たらわかりますやろ……。この工場はもう、人手も織り機も足りないんですわ。毎日10着がぎりぎり、これでも精一杯やってます。このうえお坊っちゃんの注文に応えるには、毎日12着作らなあかん。これはいくらなんでも、無理ですわ……」

つまり、高値で卸したくても、その浴衣を作る余力がないということである。

「でも、じゃあ……、ほかの注文を減らすことはできないのでしょうか？」

なにも安い仕事を優先して引き受ける必要はないだろう、勘助はそう思ったのだが、主人は先ほどよりも強く首を振って「あかん！」と言った。

「それだけはできまへん。問屋はんに嫌われたらこの商売おしまいや」

今日は不可解なことが多い。勘助はまた「どうしてですか？」と繰り返した。

「問屋はんは浴衣を買い取ってくれるだけやのうて、そのもととなる生糸と藍液を売ってもくれてます。それなのに、『問屋はん、うちらはもう、あんたがたには売りまへん、よその人に売ります』なんて言うてみい。それ以来、生糸も藍液も売ってくれなくなって、それこそ商売あがったりや……」

力なくそう答える主人の言葉に、勘助もとうとう「……打つ手なし、か」とうなだれてしまった。

吉高のひらめき

その後、吉高が迎えにきて、２人で家に帰る途中、勘助は今日の取引の顛末《てんまつ》を話した。

「ふーむ、人手不足ときたか……。それは考えもせなんだ。では明日はほかのところを回るか？」

吉高はそう切り出したが、勘助は「いいえ」と答えて、その理由を続けた。

「あちらの浴衣は素晴らしいものでした……。できればあちらと商いがしたいのです」

吉高は「ほぉ」と感嘆した。

「お前も三友の子じゃな。いかにも、あの工場は松坂で一番の木綿を作っているところじゃ……。あれほどの織物はなかなかお目にかかれない。だからこそ人気があるのだろう」

「でも……」

勘助が表情を曇らせる。

「どうした？」

「あの工場は、儲かっていないようなのです」

勘助が工場の主人とのやり取りを話すと、吉高は苦虫をかみつぶしたような顔をした。

「なるほど、そういういきさつがあったとはな……。勘助は、**生かさず、殺さず**という言葉を知っているか？」

「生かさず、殺さず？」

吉高の口から出た物騒な言葉に、勘助は眉をひそめた。

「問屋のような立場の強い商人が、取引先と交渉するときによくやる手なのだ。儲けはできるだけ自分たちが取れるように、それでいて、取引先がつぶれてしまわないように、値段を決めていくことがある。木綿工場も辛い思いをしているだろうが、問屋がいなければ誰も買ってくれないし、糸も仕入れられないのだから、こらえるほかない、というところだろう」

勘助は「もう聞きたくない」というように、首を振った。

あんなに丁寧な仕事をしている職人たちが、どうして、ただ、船や蔵やそれを動かす金を持っているだけの問屋に、虐《しいた》げられなければならないのだろうか。

「父上、やはり私は、なんとしてもあの工場から木綿を買います……。そのための方法も、考えなくては」

勘助は力強い口調でそう言った。

「考える……か。よし、そういうことならいい方法があるぞ」

「えっ、工場を助けられるんですか？」

「そうではないが……、わしが知恵をしぼるときに必ず行く場所があるのじゃ……。一緒に行くか？」

吉高の誘いに、勘助はとまどいながら「はい」と応じた。

松坂の風呂屋

「へぇ、お風呂屋ですか」

吉高が連れてきてくれたのは、松坂にある風呂屋だった。

江戸に比べると軒数はずっと少ないが、商いで名を馳せた豪商たちが集う土地にふさわしく、松坂にも大きな風呂屋が点在していた。

「あぁ、風呂に入るとな、不思議によい考えが浮かぶんだよ……。もしかしたら、商人の神様でもいるのではないかというほどだ」

そう言いながら、吉高は着物を脱ぎ始める。

「商人の、神様ですか……」

勘助はそう返事をしながら、そういえば江戸には「仙人様」がいたなぁと思い出していた。


湯船に2人して入ると、吉高は本題を切り出した。

「勘助……、あの工場から木綿を買い付ける方法は1つしかない。毎日12着の浴衣を作ることができるようにすることだ。しかし困ったことに、あの工場は人手不足だと、主人が言っている……」

「そうなんです……。だから、いっそのこと人を増やしてはどうかと……」

勘助が言うと、吉高は首を振った。

「いや、それはむずかしいな。もちろん人を増やせば作れる量は増えるかもしれないが、機織というのは誰にでもできるものではないから、修練させるのにかなり時間がかかるだろう。ましてやあの職人たちの腕に並ぶとなると、容易ではない」

「あぁ、そうか……」

勘助は再び頭を悩ませた。

「勘助……、手ぶらで帰るよりは、ほかの工場のものを買い付けたほうが得策だぞ？」

「それはわかっているのですが、でも……」

勘助は諦めたくなかった。いい木綿を作っているのにあの工場はほとんど利益を残していないという、その事実が勘助の心にしこりを残している。勘助は工場の主人を、そして見学の際にすれ違ったいろいろな職人たちの顔を思い浮かべた。

「あ、そういえば……、父上」

「どうした？」

「先ほど工場で、せんべいをもらいました。何枚かあるので、あとで父上にも差し上げますね」

勘助の言葉に、吉高は思わず笑った。真剣に悩んでいるかと思えば、今度はせんべいの話か……、と少し可愛く思ったのであろう。

「あぁ、あとでいただくことにしよう……。誰にもらったんだ？」

「えぇ、織り機のところにいたおばさんの職人です。手が空いていたみたいで、声をかけてくれたんです」

吉高の眉がピクリ、と動いた。

「勘助、今、なんと言った？」

勘助は吉高の変化にとまどいながら、繰り返す。

「え、ですから……、手が空いていたおばさんが……」

勘助の言葉が終わらないうちに、吉高は湯船から外に出た。

「そうか……！」

「父上！」

「お前も早く出ろ！　工場に戻るぞ！」

「えっ？」

なにがなんだかわからないまま、勘助は吉高を追って脱衣所に戻る。

「父上、どうしたのですか？」

「お前が言ったことを確かめるんだ……。お前、自分で言ったことがおかしいと思わないのか？」

「な、なにがですか？」

勘助には、わからない。しかし吉高は湯で赤くなった顔をさらに上気させて、

「考えてもみろ。人手が足りない工場で、なんで、手が空いている職人がいるんだ？」

「そ、そうか！」

言われてみれば、そのとおりである。せんべいを分けてくれた職人が、なぜ１人だけ暇をもて遊ばせていたのだろう？　もし、あのおばさんがもっと仕事をしていれば、浴衣を量産できるのではないか？

勘助が吉高の考えに追いついたとき、すでに吉高は外に出ようとしていた。

「勘助、急げ！　日が暮れるぞ！」

「ちょっと待ってください、父上……」

勘助の制止も聞かず、吉高はあわてた様子で風呂屋の扉を開けようとしたが、

「待ちなはれ！」

番台の上にいた老人が大声を上げて、グイっと吉高の腕をつかむ。吉高は番台をにらみつけ、「なにをする！」と怒鳴りつけたが、老人は負けじと大声を張り上げた。

「それはこちらのセリフや！　なにも着けず、どこへ行くつもりや！」

「はっ？」

吉高はそのとき初めて、自分がふんどしすら回していないことに気づいた。

「父上……、着物を着けてから、行きましょう」

「なぁに……、わかっておるわ」

衣服を身に着けることも忘れていた吉高。どうやら勘助のおっちょこちょいは、彼から遺伝したものらしい。

我に返った吉高は着物を着け終わると、にわかに冷静さを取り戻し、「勘助、もう遅いから、やはり工場には明日出直すことだな。明日も主人と一緒に回らせてもらえ」と言った。

「……そうですね、今日のところは帰るとしましょう」

勘助がそう答えてわらじを履こうとしたとき、背後に人の気配がした。振り向いたが、誰もいない。

「どうした？　勘助」

「いや……、知っている人がいたような気がして」

そう言いながら、勘助は心のなかで呼びかけていた。

「……もしかして、仙人様？」

勘助の提案

翌日、勘助は改めて工場を訪れた。

主人に連れられて例の織り機のところに行くと、昨日とは別のおばさんが暇そうにせんべいをかじっていた。

「あの、すみません……」

「どうしたの？」

話し相手がやってきたとみて、おばさんの表情は少し明るくなった。勘助は思いきって尋ねた。

「あの……、働かなくていいんですか？」

おばさんは笑いながら、

「これは別に怠けてるわけじゃないんよ。ほれ、あの織り機をご覧なさいよ」

そう言って、1台の織り機を指差した。そこでは別の職人が、縦糸をくりつけて

いる。

「糸を切りそろえてから、あそこに取りつけてるのよ。あれが終わるまでは、私は休んでるしかないの」

おばさんの言葉を主人が継いだ。

「ご覧のとおりですわ……。代わりばんこに1人が休んで、空いている織り機に別の職人が糸を取りつけているんです……」

つまり、**常時1台、織り機は空きの状態にある**ということである。3台の織り機があるように見えて、事実上は2台しか動いていないわけだ。勘助の頭がめまぐるしく動き始める。「もしかして……」。

「おわかりですか、お坊っちゃん。織る職人と絵柄を知っている糸つけ職人は別なんです。織るときの絵柄が頭に入っているのは、今、糸をつけている、あの職人なんで、織る人とは別にしないとあきまへん。これはもう仕方ありまへんな……。織り機は3台しかないんやし……。さ、おわかりになったなら、お茶用意しますさかい……」

主人の話を最後まで聞かぬうちに、勘助は主人の腕をつかんだ。

「ご主人、一緒に、家まできてもらえませんか?」

「はっ？」

「僕が思いついた方法なら、一日に12着……、いや、15着だって作れます！」

吉高の決断

目を白黒させる主人を引っ張って、勘助は三友の本家まで帰ると、吉高を呼んだ。

「父上……、お願いがございます」

「なんだ……、ご主人までお連れしたのか？　お前はなにかを思いつくと見境がなくなるから……、気をつけんといかんぞ」

吉高は昨日の自分の振る舞いなど忘れたかのように勘助のおっちょこちょいを注意するが、勘助は真剣だ。

「父上、江戸の『ゑびす』に掛け合う前に、話を聞いていただきたいのです」

居間に主人と吉高が座るのを見届けて、勘助は話し始める。

「……こちらの工場に、織り機を１台、買ってあげてほしいのです」

唐突な申し出に、吉高と主人はそろって言葉を失った。

「あのな、勘助……。呉服屋が工場のためになにかを買うのはお門違いだとは思わんか？」

「旦那様のおっしゃるとおりですわ。それに、百歩譲ってそれを認めていただいたとしても、織り機はすでに、遊びが1台出ているのをお坊っちゃんも見ているじゃないですか。そこにさらに織り機を入れても、効果はありますまい。お坊っちゃんも早とちりが過ぎまっせ？」

2人はそろって反対したが、勘助は自信をもって、

「いいえ、遊んでいるのは、織り機ではなく、あくまでもあの、おばさんたちです！」

そう言って、勘助は近くにあった紙に図（次ページ参照）を描いた。

「3台ある織り機は、実は遊んでいないんです。機織り職人さんがいないときは、糸つけ係の人が織り機につきっきりです。その代わり、職人さんが1人暇をもて遊ぶことになるんです」

「なるほど……。織り機はあくまで、この先の機織りのための段取りをしているのであって、休んでいないということか」

「そうです。そして、もう1台織り機を増やしても、遊ぶことはありません。3人の機織り職人さんは常に手を動かすことができます。こうすれば、一日に10着作って

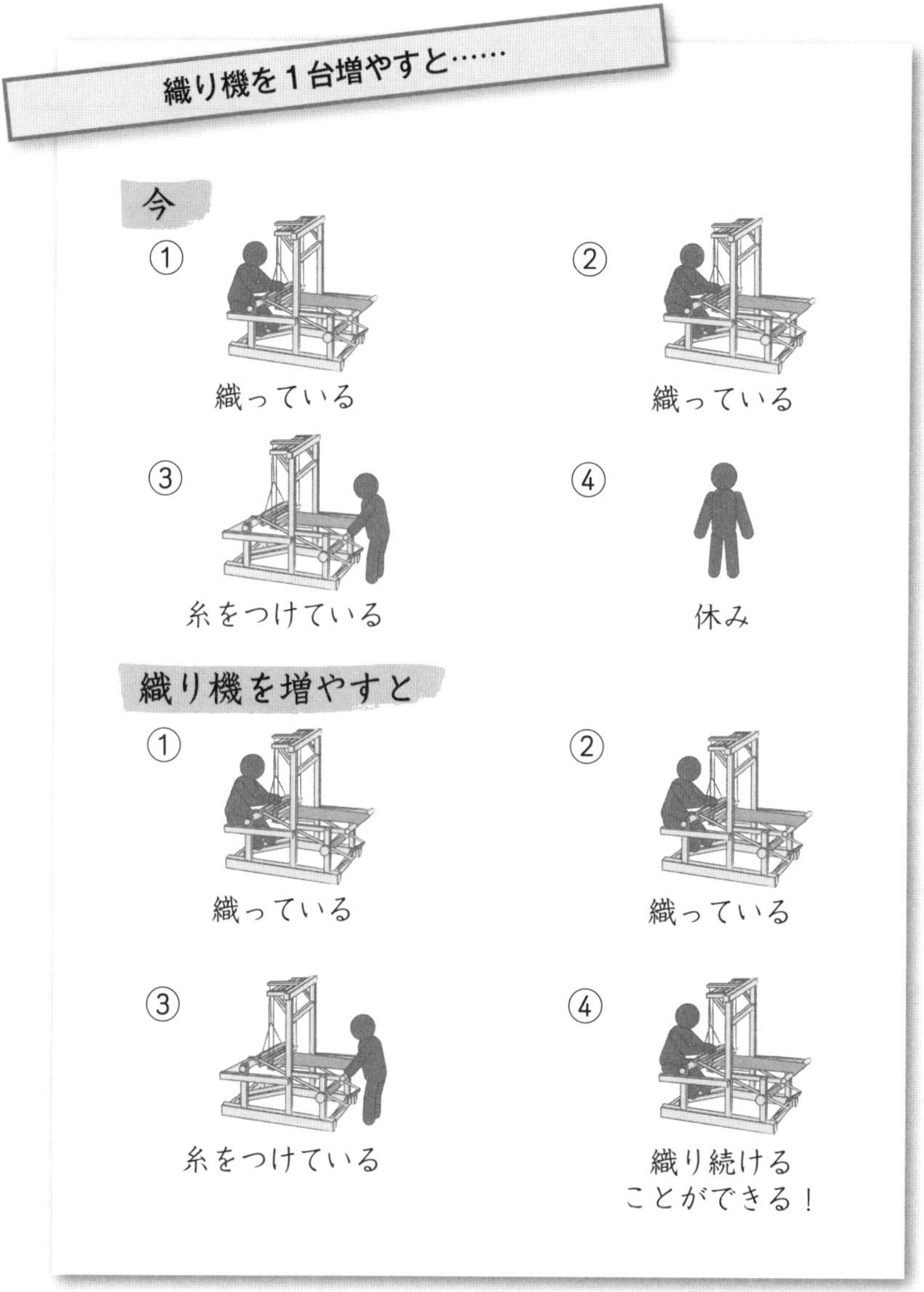
織り機を１台増やすと……
今
①
織っている
②
織っている
③
糸をつけている
④
休み
織り機を増やすと
①
織っている
②
織っている
③
糸をつけている
④
織り続ける
ことができる！

いたものを、12着……、いや、15着に増やすことはできるのではないですか？」

勘助が話し終わると、吉高と主人は顔を見合わせた。

「いやはや驚きましたなぁ……。確かにこれなら、正味3台が常に回り続けることになります。2台が3台に増えれば、単純にかけ算をすれば15着作れるという計算になりはします。もっとも、ほかの工程の忙しさも考えるとそれはむずかしいでしょうが、12着なら十分作れると思います」

工場の主人は、そう言ってうなずいたが、「ただ……」と続けた。

「その織り機を入れるお金が、ないんや……」

主人の言葉はだんだん弱々しくなり、そして肩をがっくりと落とす。その姿は今までの苦労がにじみ出ているようだった。

そんな主人に声をかけたのは、吉高だった。

「ときにご主人、織り機というのはいくらくらいするものなのですか？」

「はぁ……、1台300匁というところでしょうか？」

主人が金額を述べると、吉高はぽん、と手を叩いた。

「よし、織り機は我々が手配しよう」

「えっ？」

「父上……、でも先ほどはお門違いだと……」

「あぁ、そう思っていたが、工場の窮状に黙っておれんようになった」

吉高はそう言って、主人にこう言った。

「織り機を買うための金として、３００匁を三友家がお貸しします。もちろん、少々の利息をつけて返していただかなければならないが、江戸の『ゑびす』が40着を4両で買い付けるという話なら、十分にお金が入ってくるでしょう。お返しいただくのにそう時間はかかりますまい。それに、工場にもいくばくかの儲けを残すこともできるようになる」

吉高がそう言うと、主人は目に涙を浮かべながら、頭を下げた。

「なんとありがたい……。私たちも報われてよいのですか」

吉高は温かく微笑みながら、こう言った。

「もちろんです。考えてもみてください。このやり方なら、ご主人も、私たちも、江戸の『ゑびす』も儲かる。これなら『三方《さんぽう》よし』だ。申し分ないじゃないですか」

三方よしとは、松坂にほど近い近江の商人たちが好んで使う、商売の心構えのようなものである。「売り手よし」「買い手よし」「世間よし」。商売は三拍子そろってこそのものだ、という意味である。勘助は初めて、商人としての吉高を目の当たりにし、尊敬するとともに頼もしく思うのだった。

突然の手紙

夕餉をともにしたあと、工場の主人は喜色満面《きしょくまんめん》で帰っていった。それを見届けると、吉高は勘助に話しかけた。

「勘助、商談が早くまとまったのであれば、しばらく松坂でゆっくりできるな……」

「はい……、うれしいです」

もともと1か月程度の滞在期間のうちに、買い付けの算段を付けてくることとされていたから、今月いっぱいは両親のもとでくつろぐことができそうである。

「もちろん、本家の商いもいろいろと手伝ってもらうぞ。お前には学んでもらうことがたくさんあるのだから」

「……わかりました」

勘助の返事に、吉高は成長の片鱗《へんりん》を感じ取ったようだ。ますます目を細めると、

「でかしたぞ勘助。よくぞ妙案を思いついたな。お前の執念の賜物《たまもの》だ」

「なにをおっしゃいますか、父上が風呂屋に連れて行ってくださったから、案が浮かんだのです」

「おぉ、そういえばそうだったな。ほれ、風呂屋には確かに、商売の神様がおっただろう？」

吉高がそう言うと、勘助は声を上げて笑った。そして、あのとき感じた気配は、仙人様のものだったような気がすると、改めて思い出した。


そのとき、門の外で「お坊っちゃん！」と叫ぶ声が聞こえた。

「なんだ、騒々しい……」

吉高が外の様子を伺うと、汗だくになって走ってきた福太郎だった。

「福太郎さん……、どうしたんですか？」

勘助が訊くと、福太郎は乱れた息を整えながら、

「いやね……、今、ちょっと……、外で一杯やってたんですが……」

「それで、なぜそんなに焦っておるのだ」

吉高の質問に促されるように、福太郎は懐から手紙のようなものを取り出した。

「たまたま、三友家を探している飛脚がいたから、受け取ったんですがね……。江戸の旦那様が、倒れられたそうです」

「なんだと……?」

吉高が手紙を読むと、そこには「ゑびす」の女将の文字がつづられていた。

「……勘助、やむを得まい。明日、福太郎とともに江戸に発つのだ」

「でも……、商談が」

勘助はあくまで自分で買い付けを完結させようと思っていた。それに……、まだ松坂にとどまりたかった。しかし吉高はあくまでもそれを認めるつもりはなかった。

「委細はこちらで整えておくから心配するな……。この際、高光殿の身をなにより案じねばなるまい。お前は修業中の身なんだからな」

勘助は涙をこらえ、「わかりました」とうなずいた。

「短い間だったが、勘助の顔を見られてうれしかったぞ。引き続き、達者で」

そういう吉高の顔にも、寂しそうな色が伺える。

翌日、後ろ髪をひかれる思いで、勘助は江戸へと発った。雪の舞う、如月《きさらぎ》(2月)の中旬のことであった。

解説

儲けるために原価を知る

洋服、パソコン、スマートフォン、イス、机……。今、みなさんの目の前には、たくさんの工業製品があるはずです。そしてそれらの製品にも、勘助が扱うことになった松坂木綿と同様に「**原価**」が存在します。

「ゑびす」では、反物の売上原価として、仕入値と仕立ての費用だけを単純に計上していましたが、本章で登場した工場では、人手をかけ、織り機などの設備を利用して大量に木綿を生産しているため、もう少し詳細な原価を計算する必要があります。

製造原価には「**材料費**」「**労務費**」「**経費**」の３種類があることは本章で説明したとおりですが、これらの原価は、以下のような手順で計算します。

①　**費目別計算**

先ほど説明した「材料費」「労務費」「経費」のそれぞれについて、原価を集計していきます。本章で紹介した分類は、この費目別計算に基づいたものです。

②　**部門別計算**

費目別に計算された原価を、部門（工程）ごとに集計します。松坂の木綿工場には

「糸を染める」「糸を切りそろえる」「糸を織って生地にする」「生地を仕立てて浴衣にする」の4つの工程がありましたが、たとえば糸や藍の液といった材料費のほとんどは、最初の「糸を染める部門」で発生しているようです。一方、労務費は各部門で働いている人の数だけ、それぞれ発生しています。

このように、部門ごとに発生している原価は異なるため、これらを集計しておく必要があるのです。

③ 製品別計算

部門別に計算された原価を、製品ごとに集計します。1つの工場で複数の製品を作る場合には、それぞれの製品ごとに計算することになります。

松坂の木綿工場では単一の製品を生産していて、設備もわかりやすいものでした。

一方、現代で作られている自動車には、1台あたり約3万個の部品が使われているそうです。それぞれの部品を製造し、組み立てるための工程がたくさんあり、そこでは数万人の人々が働いています。

そのような複雑な製品の場合、原価計算ももちろん複雑になりますが、ここで触れた3つの手順で原価を計算していくこと自体に、変わりはありません。

第5章

勘助は新たな「販売戦略」を立てた

高光の容態

勘助と福太郎が江戸に戻ったのは弥生（3月）の始めごろであった。

「故郷もよかったけど、江戸も活気があっていいですね」

「えぇ……、しかし旦那様のことも気にかかりますな」

江戸に入り、「ゑびす」に向かって歩く2人の話題は、どうしても高光の病状のことになる。

「いずれにせよ、早く帰るしかありません……。旦那様もきっと大丈夫ですよ」

「そうですね、そう信じましょう」

人だかりの理由

そんな話をしながら「ゑびす」に戻ると、店の前にちょっとした人だかりができて

いる。

人だかりの真ん中から、若い女の声が聞こえる。

「押さないで、お客さんたち、順番に並んで！」

「なんだろう……」と思って人だかりをのぞき込むと、お絹がお手玉を売りさばいているのが見えた。

「お、お絹さん！」

思わず勘助は声をかけた。声に気づいたお絹の顔がぱっと明るくなった。

「あら、勘助さんじゃない！　見てよこれ……、大繁盛よ！」


お絹が作ったお手玉は子供たちに大人気のようで、作っても間に合わないほどの売れ行きなのだという。

「すごいね……、どれくらい売れたの？」

お絹は得意げに、「ふふふ、ひと月で2分（16万円）は売ったわ」と答える。

2分とはすごい。まだ損失をすべて穴埋めするには至らないが、売り続けていけばかなりの金額になっていくはずである。

「なにか手伝おうか？」

「ううん、それよりおとっつぁんに会ってあげて」

それもそうだと思い、勘助は旅装のまま、急いで高光の部屋に向かった。

高光との会話

「旦那様、ただいま松坂から戻りました」

高光は部屋に敷かれた布団の上で、正座をして大福帳をめくっていたが、勘助の姿を認めると、

「おぉ、よく戻ってくれた……。すまぬな、こんな有様で」

と、表情をゆるめた。

「なにをおっしゃいます……。それより、身体の具合はいかがですか？」

勘助が恐るおそる尋ねると、高光はうむ、とうなずいて、

「なに、たいしたことはない……。しかし、しばらくはこうして安静にせよとお医者様に言われておる……。それより、そちらの首尾はどうだったのだ？」

と、勘助の旅の成果を尋ねた。

「40着の買い付け、大筋では話を整えてあります。あとのことは父が『任せておけ』

と申しておりました」

勘助の説明を聞きながら、高光は枕元の湯飲みを取って茶をすすると、しばらくの間黙り込んだ。

「……勘助」

「はい？」

「今回買い付けてもらった松坂木綿だが……、一切をお前に任せる。値決め、売り方、すべて思うようにやってみろ」

勘助は目を丸くした。そんな勘助を、高光は真剣なまなざしで見つめる。

「しかし、僕は若輩者ですから……」

そう言ってうつむく勘助。しかし高光の結論は変わらない。

「お前しかいないのだ。やってみろ」

自分には無理だ……。勘助は何度も断ろうと思った。しかし、病中の高光の神経を荒立てたくなくて、「少し、考える時間をください」とだけ答え、部屋を辞した。

高光の部屋を出ると、旅をともにしていた福太郎が声をかけてきた。

「坊っちゃん、旦那様はお元気そうでしたか？」

「え……、えぇ、思いのほか」

そう答えながら、勘助は福太郎がいつの間にか身ぎれいになっていることに気づいた。

「あれっ、もう風呂屋に行ってきたのですか？」

そう訊くと、福太郎はご機嫌そうに、

「へぇ、荷解きも終わりましたんで、早速。いやぁ、いい湯でした。やはり風呂屋は江戸にかぎりますぜ。坊っちゃんもひとっ風呂浴びてきたらいかがです？」

と笑った。

そういえば、松坂の風呂屋で感じた気配はなんだったのだろう……。あれは確かに仙人様のものだった気がするのだが。

「じゃあ、僕も風呂屋に行ってきますね」

そう言って、勘助は風呂屋に向かった。

留さん・ミキトとの久々の再会

風呂を浴びたあと、大広間に上がると、留さんとミキトが座っていた。留さんは勘助の姿を見つけると、

「おぉ、勘助じゃねえか！　今日戻ったのかい？」

大声で呼びかけ、手招きをして勘助を隣に座らせた。

「はい、先ほど。旦那様も大事なくてほっとしました」

ミキトも顔をほころばせる。

「それはなによりでした……。旅はいかがでしたか？」

勘助は旅で起こったことを話した。「生かさず殺さず」で苦しんでいた工場を助けられたこと、父と久しぶりに会えたこと。そして、風呂屋でミキトを見たような気がしたことも伝えたが、

「あははっ、いくらなんでもそれは他人の空似というものではないですか？」

と言われ、まぁそうか、と納得した。そして、話は江戸に帰ってからのことに移った。

「それで……、実は旦那様に、木綿の商売をひととおり任せる、と言われまして……」

高光から告げられたことをミキトに話すと、

「ふむ……、それは英断だと思います。松坂木綿の素晴らしさを一番わかっているのは、現地まで仕入れに行った勘助さんですからね。よい機会ですから、思いっきりやればいいじゃないですか」

笑顔のまま、ミキトはさらりとそう言った。

「で、でも……、まだ僕は……」

「まだ、経験が足りないと思うわけですか？　しかし勘助さん、あなたは江戸にきてから、いろいろな経験をしているじゃないですか」

ミキトの言葉に、留さんも大きくうなずいた。

「仙人様の言うとおりだ。思い出してみな……、お前さんはよくがんばってきたと思うぜ？」

そう言われて、勘助は江戸にきてからの日々に思いを馳せた。外回りの営業、大坂の問屋を招いての商談、売掛金の回収、そして松坂への買い付け旅行……。

１つひとつの経験が、勘助を少しずつ、大人に、そして一人前の商人へと、育て上げようとしてくれている。

「あなたが学んだことを精一杯活かして、木綿を売ってみてはどうでしょう？　大丈夫、勘助さんならきっと上手くいきますよ」

ミキトに励まされて、勘助は高光の申し出を受ける決心をした。やれるだけのことはやってみよう。そして、またなにかあったらここにくればミキトが相談に乗ってくれる。勘助はそう思っていたのである。

「わかりました……。がんばってみます」

「さすが勘助さん。そう言うと思っていました。……そうだ、今日はまだ陽も高いですし、一緒に考えていきましょうか。松坂木綿をどうやって売っていくか」

「は、はい！」

ミキトの提案は勘助にとっては願ってもないものだった。が、隣に座っている留さんの表情は、どこかさえない。

「留さん……、どうかしたんですか？」

「えっ……？　いや、どうもしねえよ。俺っちも混ぜてくれ」

留さんのその言葉が合図になり、ミキトはサラサラと紙に文字を書いていく。

販売戦略は、以下の4つを決めることである
- 何を売るか？（製品）
- いくらで売るか？（価格）
- どこで売るか？（販路）
- どうやって売り込むか？（宣伝）

「これら4つをしっかり考えれば、松坂木綿をうまく売ることができますよ」

ミキトがそう言うと、留さんが「へっ」と鼻で笑いながら、「おいおい、1つ目は言うまでもないだろ？　木綿を売ればいいのさ」と返した。

「確かに……、1つ目はそのまま松坂木綿、ということでよさそうですね。では2つ目、いくらで売ればよいでしょうか？」

ミキトの問いを受けて、勘助は記憶を引っ張り出そうとして天井をにらんだ。確か……、この話は教わったことがある。

「値打ちより安く、原価より高く売ればいいんですよね？」

「そう。その調子です……」

といった感じで、とっぷりと日が暮れるまでミキトの講義は続いた。勘助はたまに勘違いをしながらも、着実に販売戦略を練り上げていく。


夕方になるころには、販売戦略の大筋ができ上がった。

「仙人様、ありがとうございます。ここから先は、自分で考えてみます」

そう言って、勘助は意気揚々と「ゑびす」へと帰っていった。

勘助の後ろ姿を見送りながら、留さんは小声でミキトに話しかける。

「……よかった、あいつ、あの分だと仙人様の異変に気づいていなかったようだぜ。でも、本当にお別れを言わなくていいのかい？」

「えぇ、これだけ教えてあげたんだから、十分でしょう。それより留さん、くれぐれも口を割らないでください」

ミキトは、そう留さんに念を押した。その表情は先ほどまでとは打って変わって苦しげで、不気味なほど青ざめている。

「あぁ、わかった、わかったからもうしゃべるなって……」

留さんはそう言うと、心配そうにミキトの背中をさすった。

松坂木綿の販売戦略

勘助は寝ずに松坂木綿の販売戦略を立て、翌朝、病床にいる高光にその案を伝えにいった。

「……勘助、よくぞ考えた」

そう高光がうなった勘助（と、ミキト）の案は、こんな感じだ。

勘助たちの戦略

まず値付け。40着を5両（160万円）だから、一着あたり2朱（4万円）が「仕入値」である。お武家様向けの反物同様、4割の値入をすると、一着あたり3朱（6万円）程度となり、町人にとってはやや敷居の高いものになる。松坂木綿は高級品ではあるが、それでも庶民の手に届くくらいのものにはしたい。

「少し半端ですが、1、200文（4万8、000円）で売りたいと思います」

町人向けだから、銭貨で売るほうが便利である。1朱がざっと500文であるから、あえて小数を使っていえば、2・4朱で売ることになる。値入率は2割しかない。

「なるほど……。確かに町人に3朱は高すぎるかもしれんが……、値入が2割で本当によいのか？」

「大丈夫だと思います。今回仕入れている木綿は反物ではなく、すでに着物の形になっていますから、仕立てが必要ないのです。その分、割安で売ることができます」

「……しかし、外回りの費用はどうするのじゃ？」

高光が質問をすると、勘助は目を光らせて、「それなんですが……、旦那様」と続ける。

「いっそのこと、**外回りをせず、店頭で売ってみてはいかがでしょうか？**」

「外回りをしない、だと？」

高光にとって、それは想定外のことだった。そもそも呉服屋というのは、御用聞きをしながら注文を聞いて回るものだ。

「売る相手を町の人々まで広げると、外回りの手間が格段に増します。まして今回は呉服よりも安い品物を売るわけですから、外回りをやらずに済むほうがよいと思うのです」

「つまり、町人が『ゑびす』にきて、自分で品物を選んで気に入ったものを買うのか……。それなら外回りはいらない……。値入も安く済むだろうな」

高光は腕組みをして、うんうんと何度もうなずいた。勘助の話に大いに納得した様子である。もっとも、この案はミキトと一緒に、次ページのような表を書きながら考えたものである。

「旦那様、店頭で販売する際にもう1つ工夫したい点がございます」

「なんだ、まだなにかあるのか？」

高光は先を急がせるように言った。

「えぇ、**掛売をせず、その場でお金を払ってもらうのです**」

「ほほぅ……？」

「盆と暮れに集金をすることになっては、結局、外回りの手間が増えますし、代金をもらい損ねることもあると思います。店頭で売るとなると得体の知れないお客さんもきますから、ツケは危ういと思うのです。品物と引き換えにお金をいただくことにすれば、貸し倒れる危険はありません」

店頭で売る場合のメリット

売上と必要な費用	高級呉服	松坂木綿
売上高（＝売値の合計）		
売上原価	必要	必要
うち仕入値	必要	必要
うち仕立賃	必要	不要！
売上総利益（＝粗利の合計）		
販売費及び一般管理費		
人件費（外回り）	必要	不要！
減価償却費	必要	必要
雑費	必要	必要
営業利益		

この分、値入率を下げられる

勘助が売掛金の回収に失敗したことで、「ゑびす」の損失は大きくなってしまった。高光はそのことを責めはしないが、勘助にとってはそのことがずっと重荷であったし、それだけに同じ過ちを繰り返したくはなかったのである。

「なるほど、それは面白い……。お客さんが手に取るのは反物ではなく、仕立て終わった着物じゃからな、持ち帰ったらすぐに着ていただける分、その場でお金をいただく申し訳も立つ」

高光は顔を上気させている。勘助の案が思いのほか上出来であることに興奮しているのかもしれない。この案は次のような場面で、留さんがヒントをくれたものだ。

留さんのアイデア

「そういえば呉服屋は、盆暮れの2回で集金するんだもんなぁ。俺たちからすりゃ、不思議な話だぜ」

留さんのさりげない言葉に、勘助は「あれ？」と思った。

「とび職は2回の集金じゃないんですか？」

「バカ言っちゃいけねぇ。とび職ってのは、家を建てたり、直したりの仕事だろ？

1人のお客さんに会うのは何年かに一度しかないし、どこの馬の骨ともわからない奴もなかにはいる。だからお金は、手付けで半分、家が建ったら残り半分をもらうのさ。そうすれば確実だからな」

「……なるほど。……先にお金をもらっておくということですね」

勘助が感心していると、留さんは照れくさそうに鼻をかいた。

「そういうこった。どうだ、俺っちの話も役に立つだろ？」

お客様をどう呼び込むか？

「いかがでしょうか？」

「勘助、よくぞ考えた」

高光はそう言うと、まじまじと勘助の顔を見つめる。松坂木綿の販売を任せるというこちらの期待に、ここまで見事に応えてくれるとは……。

「問題は、どうやってお客様を『ゑびす』に呼び込むか、だな。今まで私たちは外回りの商売しかしておらんからな……。そのための手立てはあるのか？」

高光の問いに、勘助はギクリとした。ミキトとともに考えたのはここまでで、販売戦略の４つ目、「宣伝」について、妙案を考え出すことができなかったのである。

「そ、それは……」

勘助が答えに窮すると、高光は軽快に笑った。

「あっはっは、なぁに、最初から完璧な案などつくれんさ……。ここから先はまたあとで考えるとしよう」

そう言い終えて、高光は寝床から立ち上がった。

「旦那様……、お身体にさわります」

「大丈夫、厠《かわや》に行くだけじゃ」

高光はふすまを開けると、不意に「わっ」という声を出した。

目の前に、お絹が立っている。

「なんだお絹……、こんなところで突っ立って」

驚いた父親の顔を見て、お絹はいたずらっぽい笑みを浮かべると、

「あたい、いいこと思いついたの」

と言う。

「いいこと……？　今度はなんのたくらみだ？」

高光がしかめっ面でそう言うと、お絹は頬をふくらませて、

「違うわよ、木綿を売り込むための案なのよ」

と、答えた。

「なんだ、人の話を盗み聞きするとは趣味の悪いやつじゃ……。ともかく、部屋で待っておれ」

そう答えて、高光は厠へと向かう。お絹はすばやく部屋に入ると紙と筆を見つけ、そこになにやらサラサラと書き込んでいくと、

「勘助さん……、これよ！」

そう言って半紙を見せた。

松坂木綿始めました
現金掛値なし　千二百文

「……それをどうするの？」

勘助が訊いたとき、高光が部屋に戻ってきた。

「お絹、なにかと思えば、かわら版でも作るつもりか？」

高光の問いかけに、お絹は首を振る。

「違うの……、配るのよ。あたいのお客さんにね」

お絹がそう言ったとたん、高光が手を叩いた。

「おぉ、その手があったか！」

そう、「ゑびす」では反物の店頭販売はしていなかったものの、お絹が始めたお手玉ですでに集客の実績がある。商品がお手玉なだけに、買いにくるのは子供が多いが、チラシを持って帰ってもらえれば、家の人に松坂木綿のことを認知してもらうことは十分可能である。

ミキトが教えてくれた製品、価格、販路、宣伝。これで四拍子揃ったことになる。

「……これなら、いけるぞ」

高光も勘助も、力強くうなずいた。1両2分の仕入諸掛をめぐる損失から始まった「ゑびす」の挑戦は、ようやく成功への道筋が立とうとしていた。

しかし、江戸の街に忍び寄る大きな変化が、この後「ゑびす」に大打撃を与えることを、3人は知るよしもなかった……。

ゑびすを襲った衝撃

後日、松坂木綿が回船便で届き、早速「ゑびす」の店頭に並べられた。

「いらっしゃーい！　松坂の素敵な木綿、今日から売ってまーす！」

通りに立ったお絹が大声を上げると、少しずつ見物の客が入ってきた。

「さぁさぁ、どうぞご覧ください」

客はそんな声に誘われて着物を手に取るが、最初は様子見のようで、なかなか買い上げの声が上がらない。

しかしお昼ごろになると、チラシを持った町人がお金を用意して店内に入ってくるようになり、一着、また一着と売れていった。

「初日の売上は4着か。上々じゃな」

届いた木綿は40着。これらをすべて売れば、6両（192万円）の売上、1両（32

万円）の粗利を計上できることになる。勘助は「いける」と手ごたえを感じていた。

順風満帆に思われたゑびすに衝撃が走ったのは、次の日のことであった。

突然の知らせ

昨日と同様、通りから聞こえていたお絹の甲高い声が急に途絶えた。異変に気づいた勘助が通りに出ると、どうやら役人にものを尋ねられているようだ。

「な、なにがあるんですか？」

役人につめ寄られてお絹があとずさりする。その様子を見ていた勘助に役人が気づくと、

「この店は呉服屋だというが、本当か？」

役人はそう言いながら店内をいぶかしげにのぞき込む。

「えぇ、ここに置いてあるのは木綿ですが、お武家様には立派な呉服を売っていますす」

「左様か。されば、このお触れを吟味しておけ……」

役人はそう言って触書《ふれがき》が書かれた紙を勘助に手渡し、足早に去っていった。

「どうしたの……？」

心配そうに触書をのぞき込んだお絹の表情が、次の瞬間、豹変した。

「……ぜいたく品を、町人に売るべからず……？」

勘助とお絹は、青ざめた顔を見合わせた。

江戸の街では景気が悪くなってきており、お上が倹約令を敷いているのだった。

「なんという……、お上はなにを考えているのだ」

病床の高光は、勘助に渡された触書を見て大いにいら立った。

「おとっつぁん、身体にさわるわよ……、落ち着いて」

「旦那様、しかしよく見れば、ぜいたく品は『町人に売るべからず』ですから、お武家様には呉服、町人には木綿を売れば問題はないのでは？」

勘助はなんとか光明《こうみょう》を見出そうとした。しかし、高光は「それはそうだが……」といったん言ったが、

「いや……、それでも影響は避けられまい」

「でも、お武家様は……」

「いや……、もとはといえばこの倹約令は、地方の米不足が発端のようだ」

「米不足だからって、なんで……？」

「そもそもお上の収入は年貢、つまり米じゃからな。米不足となれば当然、幕府からお武家様への家禄《かろく》も絞られてくる。今後はお武家様もぜいたくな反物には手を出さなくなるであろう……、ぐふっ！」

高光はそこまで言うと、急に咳き込んだ。あまりのことに、身体にこたえてしまったようである。

「旦那様……！　ひとまずお休みください」

「……すまない、……こんなときに」

そう言うと、高光は申し訳なさそうに布団をかぶった。


「困ったわね……」

店じまいをしながら、何度もため息をついているのは女将である。

「あんたたちががんばって、お手玉や木綿を売ってくれているのに、こればっかりはどうしようもないわねぇ」

女将はそう言うと、こらえきれなくなったのか、思わず涙をこぼした。

言うまでもなく、「ゑびす」の目玉商品は呉服だ。お上からの触書は、その呉服を

「売るな」というに等しく、それはまた、「ゑびす」に対して「商いをすべからず」と突きつけられたようにさえ思われるものだ。

一家を、そして使用人たちを養っているこの呉服屋の屋台骨は、今、大きく揺らいでいる。

「おっかさん、元気を出して……」

お絹も涙目で母に寄り添う。

「ごめん、ごめんね……」

抱き合って泣いている2人を見て、勘助は「なんとかしなければ」と思った。そして、こんなとき頼れる人は、あの人しかいないとも。

勘助は、わらにもすがる思いで、いつもの風呂屋に向かった。

ミキトからのメッセージ

風呂屋はいつになく閑散としている。大広間に上がって見回したが、ミキトの姿は見当たらない。

「今日は、いないのかな……」

とはいえ、遅くなってからやってくるかもしれないと思い、勘助は広間で１人座ってミキトを待つことにした。


「あ、勘助！」

不意に声をかけてきたのは、留さんだった。体中がほこりっぽい。どうやら風呂を浴びずに直接広間に上がってきたようだ。

「あっ、留さん……」

仙人様はどこですか、そう聞こうとした矢先、留さんは「待て、待て」と勘助を制

し、「いいか、勘助。落ち着いて聞け」と、言いづらそうに続きの言葉をしぼり出した。

「……仙人様は、もうここにはこねぇんだ」

勘助は事態がのみ込めない。

「えっ……？　だって先日は……」

「そう、あの日で最後だったんだ……。あの人はもうこねぇ！」

留さんは懐から2つの書状を取り出した。

「いいか……、よく聞け、勘助。これは仙人様からの手紙だ。店に帰ったら、そっちの短いほうの手紙を読んでおけ。もう一通の長いほうは、ずーっとあと、お前さんが一人前になってから、誰にも知られないように読んでほしいってよ……。わかったな？」

留さんが念を押すようにそう言ったが、勘助は返事をしなかった。ずっとあとになってから読む手紙を託したということは……、仙人様は本当に、二度とここにはこないということだろう。

倹約令にどう対応したらよいか、なんの手がかりを得ることもできないまま、勘助は店に戻った。

勘助は言いようのない喪失感に襲われていた。「ゑびす」を生き残らせるための策が見当たらないこともある。しかしそれ以上に、ミキトにもう二度と会えないという事実が、勘助の気持ちをずっしりと重くしていた。

夕餉をみんなで食べたあと、自分の部屋に戻って勘助は、留さんから手渡された短い手紙を開いた。

ミキトからの手紙

勘助さんへ
この手紙を読んでいるということは、すでに留さんから事情を聞いていることと思います。私は、もう勘助さんにお会いすることができなくなったのです。私が旅立つ理由は、もう1つの手紙に書いておきます。いつか勘助さんが自分の呉服屋を持ち、それを十分に大きくしたころに、その手紙を開いてください。
さて、勘助さん。この江戸の街にきて1年。あなたはとてもたくさんのことを学んだと思います。そしてそのつど、私はあなたのそばにいることができました。だからあなたは、自分が成長できたのは、私のおかげだと思っているかもしれません。

しかし、それは間違いです。あなたを成長させてくれたのは、たくさんの経験を積ませる機会をくださった旦那様や、あなたを見守ってくれた留さん、お絹さん、お客様や問屋さん、工場でがんばっているみなさん……。あなたと関わったすべての人が、あなたを一人前の商人に、成長させてくれているのです。

これから、江戸の街は今までにない大きな変化を経験することになるでしょう。しかし、どんな困難にあっても、このことを忘れないでください。あなたは、少しおっちょこちょいなところはありますが、すべての人に愛される素晴らしい人格をもっています。あなたの周りにいる人は、必ず、あなたの味方になってくれるはずです。

そしてなにより、勘助さん自身が今までに経験したすべてのことが、あなたを勇気づけてくれます。だからどんなときも、くじけずにがんばってくださいね。

仙人より

勘助の決意

勘助は、その手紙を何度も、何度も読み返した。

「あなたの周りにいる人は、必ず、あなたの味方になってくれるはずです」

「どんなときも、くじけずにがんばってください」


この手紙こそが、ミキトが自分に伝えたかった、最後の教えなのかもしれなかった。頼りになるのはミキトだけではない……。自分には、旦那様や女将さん、お絹さんや福太郎さん、たくさんの味方がいるではないか。そしてそんな人たちのためにこそ、自分が最後まで諦めずに、知恵をしぼろうとしなくてはいけない。


勘助はミキトの手紙を大事そうに懐にしまうと、お絹の部屋を訪ねた。

「お絹さん、眠っちゃった？」

小さく声をかけると、目を涙で腫らしたお絹が、ふすまを開けた。

「眠れないわ……。無理もないでしょ。勘助さんも？」

そう言いながら、お絹は勘助を部屋に入れた。

「ねぇ、一緒に考えてみない……？『ゑびす』が生き残るための方法が、きっとあるはずだよ」

勘助の言葉に、お絹は力なく首を振る。

「だって、これ以上、反物は売れないのよ？」

「わかってる。それでも、考えるしかないじゃないか……。どうせ、眠れないんだろ？」

勘助は灯りのあたるところに、紙と筆を置いた。

「……本気なの？」

「もちろん。２人で考えれば、よい案を思いつくかもしれない」

そう言う勘助にも、勝算があるわけではなかった。しかし不思議なことに、お絹の目には、勘助の表情はどこか頼もしげに映った。

（この人……、いつの間にこんなにたくましくなったんだろう？）

お絹は密かに驚いていた。そして、勘助の言うとおりにしてみようと、心を決めた。

1年後……

それから、1年があっという間に過ぎた。

「旦那様、今月の売上もだいぶ増えましたね」

「ふむ、粗利にいたっては10両を超えたか……。たいしたものだ」

勘助は高光の部屋で、今月の売上を振り返っていた。

あの日から、「ゑびす」では同じような日々が続いていた。以前と違うことといえば、勘助が「ゑびす」の番頭として立派に切り盛りをするようになったこと、高光の体調が少しずつよくなっているということ、そして、「ゑびす」の経営が軌道に乗り始めた、ということだ。

倹約令は、翌年の豊作の恩恵を受けて解除され、江戸の景気も盛り返しつつある。反物の売上も旧来並みまで戻り、しかも松坂木綿の売上も好調であった。

「それにしても……、あのときのお前には驚いたぞ……」

最近の高光は、触書が出たあのころを懐かしむかのように遠い目をしながら、毎日のように同じ話を繰り返す。

勘助とお絹の販売戦略

1年前、お絹の部屋で、2人が思いついた新しい商いが、まさに窮地の「ゑびす」を救ったのだった。

勘助は筆を取り、ミキトに教わったとおりのことを書いた。

販売戦略は、以下の4つを決めることである

- 何を売るか？（製品）
- いくらで売るか？（価格）
- どこで売るか？（販路）
- どうやって売り込むか？（宣伝）

「僕が松坂木綿を売ったときは、この4つを考えたんだ。製品はもちろん、松坂木綿。価格は仕入値の2割増しにして、店頭で売ることも考えた」

「あら……、4つ目の宣伝は、あたいが考えたのよ？」

「あはは、そうだったね」

勘助は笑って答えながら、お絹がいつもの元気を取り戻していることに気づき、安堵していた。

「でも、今回は肝心の製品がないじゃない。だって、反物を売っちゃいけないわけでしょ？」

「そうだね。だから別のものを売るしかない」

「……反物をぜんぶ、お手玉にしちゃうとか？」

端切れを使ってお手玉を作ることを思いついたのはお絹だった。確かにお手玉程度のものなら、役人がうるさく言うことはないだろう。

「蔵にある古い反物を少しずつお手玉にするのはいいかもしれないね……」

勘助はそう答えはしたが、その案が焼け石に水の策に過ぎないこともわかっている。

「本当は……、お武家様になにかを売りたいんだ。『ゑびす』の一番のお客様はお武家様だからね」

「でも、そのお武家様に売るものがないんじゃない。木綿を売るわけにはいかないでしょう？　お武家様に売れるものは、やっぱりないわよ……」

「うーん……、本当かなぁ」

勘助はうなるようにしながら、あぐらの足を組みかえるために身体をちょっと起こした。

「あっ！」

そのとき、「びりっ」となにかが破ける音が、お絹の部屋に響いた。

あわてて手で探ると、ちょうど浴衣のお尻の部分が、派手に破けてしまっている。

「わぁ……、こりゃダメだ」

お絹はあきれたようにため息をついた。

「……本当におっちょこちょいよね。仕方ないから、明日繕ってあげるわ」

「ありがとう……、でもこれが寝間着でよかったよ。よそ行きの着物を破いたら、買い換えるしかないものね」

勘助は外でも走ってよく転ぶから、たまに着物をダメにしてしまうことがあるのだ。

誰にともなく、そんな弁解する勘助をぼーっと見ていたお絹が、次の瞬間、急に表情を変えた。

「……勘助さん。……あたい、思いついちゃったかも」

「えっ？　なにを？」

「……『ゑびす』で何を売るか、よ」

お絹は灯りの側の筆を取り、「製品」と書かれたところにマル印を付けた。

「えっ……？　仕立て？」

「仕立てを売るのよ」

「そう。お武家様の家を回って、破れたりすり切れたりして着られなくなった着物がないかを聞いて回るの。そして、お代をいただいて着物を繕ってあげたらいいんじゃないかしら？」

お絹の案は、いわば「お直し」のようなものである。

「そうか……、反物がなくても、仕立ての腕は売れるのか！」

「うん。あたいたちなら、破れた着物も、跡が目立たないように直せるの。お武家様たちも懐が寂しいから、新しい着物を買えずに困ってるでしょう？　だったら、古いものを直してもらえばいいのよ」

「今までは反物に4割の値入をしていたけど、仕立てと外回りの手間賃を計算して値付けすればいいわけか……。反物を売るわけじゃないから、値段も安くできる。お武家様も喜ぶはずだね」

製品は**「仕立て」**。値付けは**「手間賃」**。販路は今までどおり**「外回り」**だから、外回りの係がそのまま**「宣伝」**もできる。四拍子そろった。

……いける！　勘助はそう直感した。

「ありがとう、お絹さん！　これで『ゑびす』は持ちこたえられるよ！」

「ううん、こちらこそありがとう。勘助さんがいなかったら、思いつくことができなかったもの」

２人は手を取り合って、お互いの奮闘を称え合った。

売上原価をかけずに粗利を稼ぐ

高光は笑いながら、あのときの勘助とお絹の名案を改めて称えた。

「なにより、お直しの商売を始めたことで、少ない売上で多くの粗利が上がるようになったことが絶妙なのじゃ」

高光の言うとおり、反物の仕入れをしなくても仕立ての手間賃を取ることができるようになったことで、より効率的に粗利を稼ぐことができるようになった。これによ

反物を売る場合とお直しをする場合

・反物を売る場合

値入分
（外回り＋仕立てなどの経費）

反物の代金
＝売上原価にふくまれる

・お直しをする場合

外回り＋仕立てなどの経費

反物の原価がかからない
＝売上がそのまま粗利になる

り、「ゑびす」全体の収益性が向上しているのである。

「ゑびす」は倹約令にともなう経営危機を見事に乗り越え、そして従来以上に磐石《ばんじゃく》な商いのしくみを、つくり上げることに成功したのだった。

「なぁ、勘助」

高光は改まって、勘助のほうに向き直った。

「ど、どうしたんです？」

勘助が驚いたのは、高光が勘助に向かって深々と頭を下げたからだ。目上の人がこんなことをするのは、当時ではほとんどあり得ないことだ。

「お前には、お礼を言わねばなるまい」

「およしになってください……。僕は

ただ……」

勘助は自分にできることを、精一杯やっただけのつもりだった。しかし高光は頭を上げない。

「お前がいなかったら、江戸の『ゑびす』は取りつぶしにせざるを得なかったかもしれん。それを立て直すばかりか、ここまでの儲けを出すまでにしたのは、ほかならぬ、勘助だと思うておる。お前を一人前に育て上げるために、お里のご両親から預かっておったつもりが、いつの間にか……、立派になったな」

勘助に贈られた、なによりのねぎらいの言葉だった。勘助の目から、温かい涙がこぼれた。

「ありがたき、お言葉です……」

勘助も深々と、頭を下げた。ここにいたるまで、勘助も何度も失敗をし、そのつど高光に迷惑をかけてきた。それらを受け入れる高光の器の大きさがなければ、勘助もまた、大成することはなかっただろう。

「まぁ、そうはいっても、商いの道は遠く険しい……。わしにとっても、まだまだ道半ばじゃ。これからも、精進せよ」

そう言って、高光は勘助の肩をポンと叩いた。

隅田川の花火大会

次の日の夕方。

外回りを終えて帰路についた勘助を、留さんが待ちかまえていた。


「勘助殿。お疲れ様です」

留さんはおどけたように頭を下げた。

「や、やめてくださいよ……、そんな言葉づかい」

「あっはっは、冗談だよ。ところでな、勘助……。今夜、隅田川で花火が上がるらしいんだが、知ってるかい？」

「あ、もうそんな時分になったんですね」

倹約令のおかげで、昨年は花火大会も禁じられていたから、江戸っ子にとっては久しぶりの花火になる。

「なぁ、暮れ六つ（18時ごろ）になったら、橋のたもとに集まろうや」

「えっ、案内してくれるんですか？」

「あたぼうよ……。あ、ただし、今夜のことは『ゑびす』のみんなには言っちゃなんねぇぞ。特にお絹ちゃんには言っちゃいけねぇ。いいな？」

「え？　どうしてですか？」

訳を聞いても、留さんは答えない。

「男同士の約束だ、破るなよ？」

とだけ言ってニヤリと笑い、そそくさと走り去ってしまった。

留さんの姿は……？

暮れ六つ。勘助は、約束どおり橋のたもとにやってきていたが、肝心の留さんの姿が見えない。

「おーい、留さーん」

人ごみのなか、大声で呼んでも、応える声がない。

「どうしたんだろう、用事でもできたのかな?」

そう思いながら、何度か呼びかけていると、遠くのほうでも同じように、「留さーん」と呼ぶ声が聞こえた。どういうことだ? 留さんを探している人が、もう1人いるということだろうか。

勘助はとりあえずその声のもとに向かうと……、そこにいたのは、お絹だった。

「勘助さん? なんでここにいるのよ?」

「そ、それはこっちのセリフだよ……。留さんから、お絹さんには内緒だと言われていたのに」

勘助があわてていると、

「それ……、あたしも同じこと言われたわよ」

お絹がそう返して、初めて勘助は感づいた。留さんが妙な気を回して、僕らを2人きりにしたんじゃないか?

「ねぇ、どうする? 留さんこないけど……」

お絹はそう訊きながらも、橋をどんどん渡って、中ほどまできてしまった。ここからなら、花火がよく見えるそうだ。

「どうするって……。もうここまできちゃったじゃないか」

「そうね……。仕方ないから、２人で見ていきましょ？」

お絹はそう言って、ニッコリと笑った。その笑顔がまぶしくて、勘助は思わず目をそらした。

２人は花火が上がるのを待ちながら、川面のずっと上の虚空に視線を向けていた……。

10分、20分。無言の時間が続くにつれて、勘助は、妙な胸の高鳴りを覚えていた。今、隣に立っているお絹は、気づけばいつもそばにいた。辛いとき、苦しいとき……。でも、いつまでそうしていられるのだろう？　勘助の江戸での修業の日々は、間もなく終わりを迎えようとしていた。

「ねぇ、お絹さん……」

勘助がなにかを言おうとしたとき、不意に空がきらめき、花火が夜空にはじけとんだ。一瞬、明るくなる夜空。そして、そのドーンという炸裂音が、勘助の腹の底にズシリと響き渡る。胸が、ますます高鳴っていく。

その花火の見事さに、思わず２人は顔を見合わせた。お絹の顔が、驚くほど、美しい。

「ねぇ、なにか言った？」

お絹が大きな声でそう訊いているのがわかる。

でも、花火の音と「たーまやー」という周囲の大声で、こちらの声は届きそうにない。

ドーン

次の花火が終わったら、言おう。

いや、次こそ言おう。

勘助はそうやって、何度も何度も、花火をやり過ごしていた。

解説

何を、いくらで、どう売るか

松坂から戻ってきた勘助は、病にかかった高光に代わって松坂木綿の販売戦略を立てました。その際、ミキトが指南した「製品、価格、販路、宣伝」の4項目は、実は現代では**「4つのP」**と呼ばれています。

Product…製品、Price…価格、Place…販路・チャネル、Promotion…広告宣伝、という具合です（本書では江戸時代という舞台設定に合わせて、あえて日本語で説明しています）。新しい商品を投入するときや、既存のビジネスに大きな影響を与える出来事があったときなどは、この4つのPを用いて販売戦略を立てたり、あるいは修正を加えたりしていくわけです。

本章の内容は、会計というよりも、むしろマーケティングの分野に近い内容になっていますが、マーケティングを行なう際に、会計の基本的な知識を応用する場面が非常に多いことが、おわかりいただけたかと思います。

たとえば、勘助が値入率を2割に抑えるという判断は、松坂木綿を売るときに必要な費用と、そうではない費用とを正しく区別できなければ不可能だったろうと思います。また、町人向けの販売を現金方式にするという発想も、貸し倒れという現象を知っているからこそ、思いつくものです。

勘助が「ゑびす」で担ってきた役割は、第１章では営業マン、第２章ではバイヤー、第３章では債権回収担当者、第４章では生産管理担当者、そして第５章ではマーケティング担当者と、短期間に、さまざまな立場を経験しています。そしてどんな立場であっても、会計の知識が必要になったり、あるいはそれを役に立てることができる。それこそが、筆者が本書を通じてなにより伝えたかったことです。

会計という分野は、経理担当者だけが学べばよいものと思われたり、とかく数字がたくさん登場するために、敬遠されがちな側面があります。しかし実際には、勘助が担ったさまざまな役割、高光のような経営者など、非常に多岐にわたる立場で会計の知識が役に立ちます。

勘助は江戸での修業を経て、たくさんのことを学びました。そしてこのあと、さらに「ゑびす」を発展させて、日本に名をとどろかせる大商人に成長します。史実上、財を成した江戸時代の豪商たちにも、もしかしたらミキトのような指南役が、いたのかもしれませんね。

エピローグ

勘助さんへ

この手紙を開くころ、あなたはきっと、この国を代表する大富豪に名を連ねているのでしょう。なぜ、そんなことがわかるのだと思いますか？

そろそろ、あなたも知りたくなってきたでしょう。私がなぜ、突然風呂屋に姿を現わさなくなってしまったのか……。いや、そもそも、私がなぜあの風呂屋で、江戸の街のみなさんに「仙人様」と呼ばれていたのか。そのことを、私はあなたに告げなければいけません。

私は、あなたのいない世界で生まれました。もっと正確にいえば、あなたが死んだ、ずーっとあとの世界で、生まれたのです。

私はなにかの拍子に、三百年ほどあとの世界から、江戸の街に放り出されました。

私たちの世界では、これを「たいむすりっぷ」と呼びます。要するに、時空を旅して、三百年のときをさかのぼってきたのです。

どうやって江戸の街まで飛ばされたのか、正直自分でもわかりません。ある日私が目覚めたとき、そこはもう、江戸の街中だったのです。目を開くと、私のことを何人もの人たちがのぞき込んでいました。

「なんだあんた、異人さんか？」と訊かれました。

そのとき、私はちょうど西洋の着物を着ていたので、そう思われたのでしょう。三百年後の世界では、日本人もみな、西洋の着物を着ているのです。

しばらく街を歩いているうちに、だんだんと自分が「たいむすりっぷ」してきたということを、私は理解するようになりました。そして、なんとか食べることができるように、自分にできる仕事を探そうと思いました。もとの時代に帰る方法がないのであれば、この街で、なんとか生きていくしかありませんからね。

私は親切な人に和服を分けてもらい、ほうぼうで仕事を探して回りました。しかし、江戸の街で、私にできる仕事はほとんどありません。この時代と、私が以前住んでいた時代とでは、仕事の内容がまるで違うのです。それに、髪形も、髷《まげ》を結わないざんばら髪でしたから、町の人には変わった人に見えたでしょう。

海沿いの街でようやく見つけた貯木場で、「腕っ節に自信があるなら誰でもかまわねぇよ」と言われ、力仕事をして何日か過ごしました。

そう、そのとき出会ったのが、留さんです。

「なんだ、お前さん、汚いなりだなぁ」

そう留さんに言われて、あの風呂屋に連れて行ってもらいました。風呂屋に入ると、主人は、

「ゆっくり入っておゆき、でもこの風呂場はもうすぐ閉めようと思ってるんだ」

そんなことを言っていました。

なんでも、すぐそばに新しい風呂屋ができたせいで、お客さんが全然こないのだそうです。そこで私は、

「そういうことなら、私がお客さんをたくさん呼ぶための方法を考えます。その代わり、この風呂屋に住まわせてください」

と、お願いしたのです。

実は私は、三百年後の世界では「公認会計士」という仕事をしていました。その仕事で得た経験と知識を活かして、あの風呂屋にも指南役として働きながら、住まわせ

てもらうことになったのです。

　面白いことに、江戸の街の風呂屋にはいろいろな仕事をもった人がやってきます。私は風呂屋の主人だけでなく、そこにやってくるお客さんにも、商売の秘訣や考え方を伝授するようになりました。するとそれが評判を呼び、いつの間にかあの風呂屋は私を目当てにくるお客さんで大繁盛しました。どうやらあの風呂屋にとっては、私自身が商売の秘訣だったようです。

　そして、たくさんきたお客さんのなかには、もちろん、勘助さんもいました。勘助さんの名前を聞いて、私は「もしや」と思ったのです。


　実は三友家の商売は、私が以前暮らしていた時代でも続いていて、それどころかますます大きくなっています。そしてあなたの名前も、後世にまで知られています。だから、あなたのことを、私は昔から（といってても未来なのですが）知っていました。信じられないでしょうが、本当のことです。

　そしてそのとき、感づいたのです。もしかしたら、私は勘助さんを大商人に育てるために、この時代に遣わされたのではないか？　と。

　事実、あなたは私の助言を思う存分に吸収して、周りの人たちが目を見張るほどの速さで成長しました。そしてあなたが豪商への階段を一歩一歩登るにつれて、私自身の生命力が失われていくことにも気づいたとき、自分が江戸の街に飛ばされた意味を、確信するにいたったのです。

あなたにそのことを告げれば、優しいあなたは私が消えていくことを恐れて、商売そのものを止めてしまうかもしれない。そう思った私は、あえてあなたが立派な商人になるのを見届けずに、姿をくらますことにしました。

あなたは悲しむでしょう。しかし、もう一通の手紙に書いたとおり、あなたはたくさんの人に愛される、素晴らしい素質をもっています。未来を知っている私が言うのだから、間違いありませんよ。だから、なにも心配はいりません。

私は、勘助さんに出会えたことを、あなたの成長にほんの少しでも手を貸せたことを、本当に誇りに思っています。ありがとう。

私のこの時代での生命力が途絶えたとき、ひょっとしたら私はもとの時代に戻れるのかもしれません。もしそうなれば、私はあなたの子孫が受け継いでいく商売を、あちらの世界でも見守り続けたいと思います。

あなたの子孫とも、笑顔を交わせるといいですね。

仙人こと　藤原未来人（ミキト）より

眞山徳人（まやま　のりひと）
公認会計士。2004年慶應義塾大学経済学部卒業。2005年公認会計士第2次試験に合格し、監査法人トーマツ（現、有限責任監査法人トーマツ）に入社。以来、国内企業向け監査業務のほか、管理会計導入、決算早期化、経営ビジョン策定等のコンサルティング業務、経営者向けセミナー講師、大学生・大学院生向けインターンシップ講師など、幅広い業務に携わる。本書が初の著書となる。

江戸商人《えどしょうにん》・勘助《かんすけ》と学《まな》ぶ
一番《いちばん》やさしい儲《もう》けと会計《かいけい》の基本《きほん》

2014年4月10日　初版発行

著　者　眞山徳人
発行者　吉田啓二

発行所　株式会社日本実業出版社　東京都文京区本郷3－2－12　〒113-0033
大阪市北区西天満6－8－1　〒530-0047
編集部　☎03－3814－5651
営業部　☎03－3814－5161　振　替　00170－1－25349
http://www.njg.co.jp/

印刷／壮光舎　製本／共栄社

この本の内容についてのお問合せは、書面かFAX（03－3818－2723）にてお願い致します。
落丁・乱丁本は、送料小社負担にて、お取り替え致します。

ISBN 978-4-534-05174-5　Printed in JAPAN